《给学生的名家散文课》编写组 / 编

进阶卷

给学生的名家散文课

穿过岁月的时光机

山东人民出版社·济南
国家一级出版社 全国百佳图书出版单位

图书在版编目（CIP）数据

给学生的名家散文课（进阶卷）：穿过岁月的时光机/《给学生的名家散文课》编写组编. --济南：山东人民出版社，2021.6
ISBN 978-7-209-13290-9

Ⅰ.①给… Ⅱ.①给… Ⅲ.①阅读课–小学–课外读物
Ⅳ.①G624.233

中国版本图书馆CIP数据核字（2021）第100054号

给学生的名家散文课（进阶卷）
穿过岁月的时光机
GEI XUESHENG DE MINGJIA SANWENKE（JINJIEJUAN）
CHUANGUO SUIYUE DE SHIGUANGJI
《给学生的名家散文课》编写组 编

主管单位 山东出版传媒股份有限公司
出版发行 山东人民出版社
出 版 人 胡长青
社　　址 济南市英雄山路165号
邮　　编 250002
电　　话 总编室（0531）82098914
　　　　 市场部（0531）82098027
网　　址 http://www.sd-book.com.cn
印　　装 肥城新华印刷有限公司
经　　销 新华书店

规　　格 16开（168mm×240mm）
印　　张 11
字　　数 150千字
版　　次 2021年6月第1版
印　　次 2021年6月第1次
ISBN 978-7-209-13290-9
定　　价 38.00元

目录

第一辑 领略四时之美

第二辑 月是故乡明

第三辑 康乃馨的芬芳

第四辑 手心里的光

第五辑 我的动物朋友

第六辑 时光老人的礼物

第一辑

领略四时之美

Chapter 1

篇章序

春天是孕育的季节，因为期盼而心有所想；夏天是等待的季节，因为热切而徒生烦躁；秋天是收获的季节，因为付出而劳有所得；冬天是反思的季节，因为回顾才有所展望。生活在大自然的怀抱里，处处充满惊喜，大自然向人类展开的画卷，永远清新和丰盈。感谢大自然的恩赐，身处其中的人每日会有新的梦想、新的期望、新的憧憬，这是一种快乐的向往！

领略四时之美，方得人生之趣。

梨花

……许地山……

/ 作者简介 /

许地山 / 1893—1941

名赞堃，号地山，中国现代著名小说家、散文家、五四时期新文学运动先驱者之一。一生著作颇多，代表作有《落花生》等。

她们还在园里玩，也不理会细雨丝丝穿入她们的罗衣。池边梨花的颜色被雨洗得更白净了，但朵朵都懒懒地垂着。

姊姊说："你看，花儿都倦得要睡了！"

"待我来摇醒他们。"

姊姊不及发言，妹妹的手早已抓住树枝摇了几下。花瓣和水珠纷纷地落下来，铺得银片满地，煞是好玩。

妹妹说："好玩啊，花瓣一离开树枝，就活动起来了！"

"活动什么？你看，花儿的泪都滴在我身上。"姊姊说这话时，带着几分怒气，推了妹妹一下。她接着说：“我不和你玩了；你自己在这里罢。”

妹妹见姊姊走了，直站在树下出神。停了半晌，老妈子走来，牵着她，一面走着，说：“你看，你的衣服都湿透了；在阴雨天，每日要换几次衣服，教人到哪里找太阳给你晒去呢？”

落下来的花瓣，有些被她们的鞋印入泥中；有些粘在妹妹身上，被她带走；有些浮在池面，被鱼儿衔入水里。那多情的燕子不歇把鞋印上的残瓣和软泥一同衔在口中，到梁间去，构成他们的香巢。

小试牛刀

1. 为了突出梨花这个主体，作者选取了哪些景物作为背景，请选出来（　　）

   A.多情飞燕　　B.一方池水　　C.丝丝细雨

   D.池中游鱼　　E.姐妹两人

2. 从姐姐和妹妹的谈话中，你能看出姐妹二人分别是什么样的性格吗？

____

____

答案：

1. ACD

2. 姐姐喜静、妹妹爱动。

春的林野

许地山

导读赏析

天空与飞鸟，绿叶与红花，阳光与雨露，大地与小草，还有男孩和女孩……自然万物相依相伴，相亲相爱，一派和谐。

春光在万山环抱里，更是泄漏得迟。那里的桃花还是开着；漫游的薄云从这峰飞过那峰，有时稍停一会，为的是挡住太阳，教地面的花草在它的荫下避避光焰的威吓。

岩下的荫处和山溪的旁边满长了薇蕨和其他凤尾草。红、黄、蓝、紫的小草花点缀在绿茵上头。

天中的云雀，林中的金莺，都鼓起它们的舌簧。轻风把它们的声音挤成一片，分送给山中各样有耳无耳的生物。桃花听得入神，禁不住落了几点粉泪，一片一片凝在地上。小草花听得大醉，也和着声音的节拍一会倒，一会起，没有镇定的时候。

林下一班孩子正在那里捡桃花的落瓣哪。他们捡着，清儿忽嚷起来，道："啊，崑崑来了！"众孩子住了手，都向桃林的尽头盼望。果然崑崑也在那里摘草花。

清儿道："我们今天可要试试阿桐的本领了。若是他能办得到，我们都把花瓣穿成一串瓔珞围在他身上，封他为大哥如何？"

众人都答应了。

阿桐走到崑崑面前，道："我们正等着你来呢。"

阿桐的左手盘在崑崑的脖上，一面走一面说："今天他们要替你办嫁妆，教你做我的妻子。你能做我的妻子么？"

崑崑狠视了阿桐一下，回头用手推开他，不许他的手再搭在自己脖上。孩子们都笑得支持不住了。

众孩子嚷道："我们见过崑崑用手推人了！阿桐赢了！"

崑崑从来不会拒绝人，阿桐怎能知道一说那话，就能使她动手呢？是春光的荡漾，把他这种心思泛出来呢？或者，天地之心就是这样呢？

你且看：漫游的薄云还是从这峰飞过那峰。

你且听：云雀和金莺的歌声还布满了空中和林中。在这万山环抱的桃林中，除那班爱闹的孩子以外，万物把春光领略得心眼都迷蒙了。

春

朱自清

/ 作者简介 /

朱自清 / 1898—1948

原名自华，号秋实，后改名自清，字佩弦。现代杰出散文家、诗人、学者、民主战士。代表作有《背影》《欧游杂记》《伦敦杂记》《你我》等。

盼望着，盼望着，东风来了，春天的脚步近了。

一切都像刚睡醒的样子，欣欣然张开了眼。山朗润起来了，水涨起来了，太阳的脸红起来了。

小草偷偷地从土里钻出来，嫩嫩的，绿绿的。园子里，田野里，瞧去，一大片一大片满是的。坐着，躺着，打两个滚，踢几脚球，赛几趟跑，捉几回迷藏。风轻悄悄的，草软绵绵的。

桃树、杏树、梨树，你不让我，我不让你，都开满了花赶趟儿。红的像火，粉的像霞，白的像雪。花里带着甜味儿；闭了眼，树上仿佛已经满是桃儿、杏儿、梨儿。花下成千成百的蜜蜂嗡嗡地闹着，大小的蝴蝶飞来飞去。野花遍地是：杂样儿，有名字的，没名字的，散在草丛里，像眼睛，像星星，还眨呀眨的。

“吹面不寒杨柳风”，不错的，像母亲的手抚摸着你。风里带来些新翻的泥土的气息，混着青草味儿，还有各种花的香，都在微微润湿的空气里酝酿。鸟儿将窠巢安在繁花嫩叶当中，高兴起来了，呼朋引伴地卖弄清脆的喉咙，唱出宛转的曲子，与轻风流水应和着。牛背上牧童的短笛，这时候也成天嘹亮地响。

雨是最寻常的，一下就是三两天。可别恼。看，像牛毛，像花针，像细丝，密密地斜织着，人家屋顶上全笼着一层薄烟。树叶子却绿得发亮，小草也青得逼你的眼。傍晚时候，上灯了，一点点黄晕的光，烘托出一片安静而和平的夜。乡下去，小路上，石桥边，有撑起伞慢慢走着的人；还有地里工作的农夫，披着蓑，戴着笠的。他们的草屋，稀稀疏疏的，在雨里静默着。

天上风筝渐渐多了，地上孩子也多了。城里乡下，家家户户，老老小小，他们也赶趟儿似的，一个个都出来了。舒活舒活筋骨，抖擞抖擞精神，各做各的一份事去。“一年之计在于春”，刚起头儿，有的是工夫，有的是希望。

春天像刚落地的娃娃，从头到脚都是新的，他生长着。

春天像小姑娘，花枝招展的，笑着，走着。

春天像健壮的青年，有铁一般的胳膊和腰脚，他领着我们上前去。

绿

朱自清

/ 导读赏析 /

作者像一个善调丹青的能手，调动了比喻、拟人、联想等多种手法，从各个角度，波澜起伏地描绘了奇异、可爱、温润、柔和的梅雨潭水，把自己倾慕、欢愉、神往的感情融汇在这一片绿色之中。

我第二次到仙岩的时候，我惊诧于梅雨潭的绿了。

梅雨潭是一个瀑布潭。仙岩有三个瀑布，梅雨瀑最低。走到山边，便听见哗哗哗哗的声音；抬起头，镶在两条湿湿的黑边儿里的，一带白而发亮的水便呈现于眼前了。我们先到梅雨亭。梅雨亭正对着那条瀑布；坐在亭边，不必仰头，便可见它的全体了。亭下深深的便是梅雨潭。这个亭踞在突出的一角的岩石上，上下都空空儿的；仿佛一只苍鹰展着翼翅浮在天宇中一般。三面都是山，像半个环儿拥着；人如在井底了。这是一个秋季的薄阴的天气。微微的云在我们顶上流着；岩面与草丛都从润湿中透出几分油油的绿意。而瀑布也似乎分外的响了。那瀑布从上面冲下，仿佛已被扯成大小的几绺；不复是一幅整齐而平滑的布。岩上有许多棱角；瀑流经过时，作急剧的撞击，便飞花碎玉般乱溅着了。那溅着的水花，晶莹而多芒；远望去，像一朵朵小小的白梅，微雨似的纷纷落着。据说，这就是梅雨潭之所以得名了。但我觉得像杨花，格外确切些。轻风起来时，点点随风飘散，那更是杨花了。——这时偶然有几点送入我们温暖的怀里，便倏地钻了进去，再也寻它不着。

梅雨潭闪闪的绿色招引着我们；我们开始追捉她那离合的神光了。揪着草，攀着乱石，小心探身下去，又鞠躬过了一个石穹门，便到了汪汪一碧的潭边了。瀑布在襟袖之间；但我的心中已没有瀑布了。我的心随潭水的绿而摇荡。那醉人的绿呀！仿佛一张极大的荷叶铺着，满是奇异的绿呀。我想张开两臂抱住她；但这是怎样一个妄想呀。——站在水边，望到那面，居然觉着有些远呢！这平铺着，厚积着的绿，着实可爱。她松松地皱缬着，像少妇拖着的裙幅；她轻轻地摆弄着，像跳动的初恋的处女的心；她滑滑地明亮着，像涂了"明油"一般，有鸡蛋清那样软，那样嫩；她又不杂些儿尘滓，宛然一块温润的碧玉，只清清的一色——但你却看不透她！我曾见过北京什刹海拂地的绿杨，脱不了鹅黄的底子，似乎太淡了。我又曾见过杭州虎跑寺近旁高峻而深密的"绿壁"，丛叠着无穷的碧草与绿叶的，那又似乎太浓了。其余呢，西湖的波太明了，秦淮河的也太暗了。可爱的，我将什么来比拟你呢？我怎么比拟得出呢？大约潭是很深的，故能蕴蓄着这样奇异的绿；仿佛蔚蓝的天融了一块在里面似的，这才这般的鲜润呀。——那醉人的绿呀！我若能裁你以为带，我将赠给那轻盈的舞女；她必能临风飘举了。我若能挹你以为眼，我将赠给那善歌的盲妹；她必明眸善睐了。我舍不得你；我怎舍得你呢？我用手拍着你，抚摩着你，如同一个十二三岁的小姑娘。我又掬你入口，便是吻着她了。我送你一个名字，我从此叫你"女儿绿"，好么？

我第二次到仙岩的时候，我不禁惊诧于梅雨潭的绿了。

荷塘月色

朱自清

/ 导读赏析 /

文章写于1927年7月，一腔爱国情怀的作者面对当时的黑暗现实，悲愤、不满，陷入苦闷与彷徨之中，所以文章借对“荷塘月色”的细腻描绘，含蓄地表达了作者渴望自由、想超脱现实而不能的复杂思想感情。

这几天心里颇不宁静。今晚在院子里坐着乘凉，忽然想起日日走过的荷塘，在这满月的光里，总该另有一番样子吧。月亮渐渐地升高了，墙外马路上孩子们的欢笑，已经听不见了；妻在屋里拍着闰儿，迷迷糊糊地哼着眠歌。我悄悄地披了大衫，带上门出去。

沿着荷塘，是一条曲折的小煤屑路。这是一条幽僻的路；白天也少人走，夜晚更加寂寞。荷塘四面，长着许多树，蓊蓊郁郁的。路的一旁，是些杨柳，和一些不知道名字的树。没有月光的晚上，这路上阴森森的，有些怕人。今晚却很好，虽然月光也还是淡淡的。

路上只我一个人，背着手踱着。这一片天地好像是我的；我也像超出了平常的自己，到了另一世界里。我爱热闹，也爱冷静；爱群居，也爱独处。像今晚上，一个人在这苍茫的月下，什么都可以想，什么都可以不想，便觉是个自由的人。白天里一定要做的事，一定要说的话，现在都可不理。这是独处的妙处，我且受用这无边的荷香月色好了。

曲曲折折的荷塘上面，弥望的是田田的叶子。叶子出水很高，像亭亭的舞女的裙。层层的叶子中间，零星地点缀着些白花，有袅娜地开着的，有羞涩地打着朵儿的；正如一粒粒的明珠，又如碧天里的星星，又如刚出浴的美人。微风过处，送来缕缕清香，仿佛远处高楼上渺茫的歌声似的。这时候叶子与花也有一丝的颤动，像闪电般，霎时传过荷塘的那边去了。叶子本是肩并肩密密地挨着，这便宛然有了一道凝碧的波痕。叶子底下是脉脉的流水，遮住了，不能见一些颜色；而叶子却更见风致了。

月光如流水一般，静静地泻在这一片叶子和花上。薄薄的青雾浮起在荷塘里。叶子和花仿佛在牛乳中洗过一样，又像笼着轻纱的梦。虽然是满月，天上却有一层淡淡的云，所以不能朗照；但我以为这恰是到了好处——酣眠固不可少，小睡也别有风味的。月光是隔了树照过来的，高处丛生的灌木，落下参差的斑驳的黑影，峭楞楞如鬼一般；弯弯的杨柳的稀疏的倩影，却又像是画在荷叶上。塘中的月色并不均匀；但光与影有着和谐的旋律，如梵婀玲上奏着的名曲。

荷塘的四面，远远近近，高高低低都是树，而杨柳最多。这些树将一片荷塘重重围住；只在小路一旁，漏着几段空隙，像是特为月光留下的。树色一例是阴阴的，乍看像一团烟雾；但杨柳的丰姿，便在烟雾里也辨得出。树梢上隐隐约约的是一带远山，只有些大意罢了。树缝里也漏着一两点路灯光，没精打采的，是渴睡人的眼。这时候最热闹的，要数树上的蝉声与水里的蛙声；但热闹是它们的，我什么也没有。

忽然想起采莲的事情来了。采莲是江南的旧俗，似乎很早就有，而六朝时为盛；从诗歌里可以约略知道。采莲的是少年的女子，她们是荡着小船，唱着艳歌去的。采莲人不用说很多，还有看采莲的人。那是一个热闹的季节，也是一个风流的季节。梁元帝《采莲赋》里说得好：

于是妖童媛女，荡舟心许；鹢首徐回，兼传羽杯；棹将移而藻挂，船欲动而萍开。尔其纤腰束素，迁延顾步；夏始春余，叶嫩花初，恐沾裳而浅笑，畏倾船而敛裾。

可见当时嬉游的光景了。这真是有趣的事，可惜我们现在早已无福消受了。

于是又记起《西洲曲》里的句子：

采莲南塘秋，莲花过人头；低头弄莲子，莲子清如水。

今晚若有采莲人，这儿的莲花也算得“过人头”了；只不见一些流水的影子，是不行的。这令我到底惦着江南了。——这样想着，猛一抬头，不觉已是自己的门前；轻轻地推门进去，什么声息也没有，妻已睡熟好久了。

1927年7月，北京清华园。

济南的冬天

老　舍

/ 作者简介 /

老舍 / 1899—1966

原名舒庆春，字舍予。中国现代小说家、著名作家，杰出的语言大师、人民艺术家，新中国第一位获得“人民艺术家”称号的作家。代表作有小说《骆驼祥子》《四世同堂》，剧本《茶馆》《龙须沟》。

对于一个在北平住惯的人，像我，冬天要是不刮大风，便觉得是奇迹；济南的冬天是没有风声的。对于一个刚由伦敦回来的人，像我，冬天要能看得见日光，便觉得是怪事；济南的冬天是响晴的。自然，在热带的地方，日光是永远那么毒，响亮的天气反有点儿叫人害怕。可是，在北中国的冬天，而能有温晴的天气，济南真得算个宝地。

设若单单是有阳光，那也算不了出奇。请闭上眼想：一个老城，有山有水，全在蓝天下很暖和安适地睡着，只等春风来把他们唤醒，这是不是个理想的境界？

小山整把济南围了个圈儿，只有北边缺着点口儿。这一圈小山在冬天特别可爱，好像是把济南放在一个小摇篮里，他们全安静不动地低声地说：“你们放心吧，这儿准保暖和。”真的，济南的人们在冬天是面上含笑的。他们一看那些小山，心中便觉得有了着落，有了依靠。他们由天上看到山上，便不觉地想起：“明天也许就是春天了吧？这样的温暖，今天夜里山草也许就绿起来了吧？”就是这点儿幻想不能一时实现，他们也并不着急，因为有这样慈善的冬天，干啥还希望别的呢！

最妙的是下点儿小雪呀。看吧，山上的矮松越发的青黑，树尖儿上顶着一髻儿白花，好像日本看护妇。山尖全白了，给蓝天镶上一道银边。山坡上有的地方雪厚点儿，有的地方草色还露着；这样，一道儿白，一道儿暗黄，给山们穿上一件带水纹的花衣；看着看着，这件花衣好像被风儿吹动，叫你希望看见一点儿更美的山的肌肤。等到快日落的时候，微黄的阳光斜射在山腰上，那点儿薄雪好像忽然害了羞，微微露出点儿粉色。就是下小雪吧，济南是受不住大雪的，那些小山太秀气！

古老的济南，城内那么狭窄，城外又那么宽敞，山坡上卧着些小村庄，小村庄的房顶上卧着点儿雪，对，这是张小水墨画，也许是唐代的名手画的吧。

那水呢，不但不结冰，反倒在绿萍上冒着点儿热气。水藻真绿，把终年贮蓄的绿色全拿出来了。天儿越晴，水藻越绿，就凭这些绿的精神，水也不忍得冻上；况且那长枝的垂柳还要在水里照个影儿呢。看吧，由澄清的河水慢慢往上看吧，空中，半空中，天上，自上而下全是那么清亮，那么蓝汪汪的，整个的是块空灵的蓝水晶。这块水晶里，包着红屋顶，黄草山，像地毯上的小团花的灰色树影。

这就是冬天的济南。

迷人的夏季牧场
（节选）

碧 野

/ 作者简介 /

碧野 / 1916—2008

现代作家，散文家，碧野的作品以歌唱英雄的时代为主调，充满了对新生活的希望和祝福。比喻、对仗、排比、拟人是碧野常用的修辞手法，借此来创造富有节奏感的艺术境界。

就在雪的群峰的围绕中，一片奇丽的千里牧场展现在你的眼前。墨绿的原始森林和鲜艳的野花，给这辽阔的千里牧场镶上了双重富丽的花边。千里牧场上长着一色青翠的酥油草，清清的溪水齐着两岸的草丛在漫流。草原是这样无边的平展，就像风平浪静的海洋。在太阳下，那点点水泡似的蒙古包在闪烁着白光。

当你尽情策马在这千里草原上驰骋的时候，处处都可以看见千百成群肥壮的羊群、马群和牛群。它们吃了含有乳汁的酥油草，毛色格外发亮，好像每一根毛尖都冒着油星。特别是那些被碧绿的草原衬托得十分清楚的黄牛、花牛、白羊、红羊，在太阳下就像绣在绿色缎面上的彩色图案一样美。

有的时候，风从牧群中间送过来银铃似的叮当声，那是哈萨克牧女们坠满衣角的银饰在风中击响。牧女们骑着骏马，优美的身姿映衬在蓝天、雪山和绿草之间，显得十分动人。她们欢笑着跟着嬉逐的马群驰骋，而每当停下来，就骑马轻轻地挥动着牧鞭歌唱她们的爱情。

这雪峰、绿林、繁花围绕着的天山千里牧场，虽然给人一种低平的感觉，但位置却在海拔两三千米以上。每当一片乌云飞来，云脚总是扫着草原，洒下阵雨。牧群在雨云中出没，加浓了云意，很难分辨得出哪是云头哪是牧群。而当阵雨过去，雨洗后的草原就变得更加清新碧绿，远看像块巨大的蓝宝石，近看缀满草尖上的水珠，却又像数不清的金刚钻。

特别诱人的是牧场的黄昏，周围的雪峰被落日映红，像云霞那么灿烂；雪峰的红光映射到这辽阔的牧场上，形成一个金碧辉煌的世界，蒙古包、牧群和牧女们，都镀上了一色的玫瑰红。当落日沉没，周围雪峰的红光逐渐消褪，银灰色的暮霭笼罩草原的时候，你就可以看见无数点点的红火光，那是牧民们在烧起铜壶准备晚餐。

你用不着客气，任何一个蒙古包都是你的温暖的家，只要你朝火光的地方走去，不论走进哪一家蒙古包，好客的哈萨克牧民都会像对待亲兄弟似的热情地接待你。渴了你可以先喝一盆马奶，饿了有烤羊排，有酸奶疙瘩，有酥油饼，你可以一如哈萨克牧民那样豪情地狂饮大嚼。

当家家蒙古包的吊壶三脚架下的野牛粪只剩下一堆红火烬的时候，夜风就会送来冬不拉的弦音和哈萨克牧女们婉转嘹亮的歌声。这是十家八家聚居在一处的牧民们齐集到一家比较大的蒙古包里，欢度一天最后的幸福时辰。

过后，整个草原沉浸在夜静中。如果这时你披上一件皮衣走出蒙古包，在月光下或者繁星下，你就可以朦胧地看见牧群在夜的草原上轻轻地游荡，夜的草原是这么宁静而安详，只有漫流的溪水声引起你对这大自然的遐思。

蝉叫声声

徐　鲁

/ 作者简介 /

徐鲁

著名诗人、散文家、儿童文学作家。著有诗集《乡愁与恋歌——徐鲁诗选》，长篇小说《为了天长地久》《罗布泊的孩子》，短篇小说集《少年识尽愁滋味》，散文集《沉默的沙漏——徐鲁自选集》《芦花如雪雁声寒——徐鲁散文选》等。

夏天的早晨，太阳刚刚升起，树林中的蝉儿就开始了响亮的大合唱。

蝉儿喜欢炎热的天气，气温越高的天气，蝉儿们的精神头越足。当太阳西沉，气温下降了，蝉也渐渐停止了歌唱，开始休息了。

蝉儿鸣叫的时候，就像吹口琴一样，使腹部的薄膜使劲振动，发出声音。薄膜边还有一个中空的共鸣器，就像小提琴的共鸣箱，可以让发出的声音更加响亮。

蝉能听到自己同类的鸣叫声，所以它们很喜欢和同伴聚集在同一片林子里，使劲地、不停地演奏着大合唱。如果树林里忽然有了什么动静，惊动了其中的一只蝉，那么其他的蝉也会立刻停止合唱，随时准备飞走。

蝉喜欢栖息在柳树上。我国古代的花鸟画中，常以“高柳鸣蝉”为画题，这是有道理的。

我小时候玩过的蝉有这样三种：一种叫“马溜”，最大，身体是黑色的，叫声也特别响亮；一种叫“嘟溜”，较小，身体是暗绿色的，又有点银光，样子最好看，叫声好像是“嘎鸣——嘎鸣——”；还有一种是“滋溜”，最小，身体是暗赭色的，叫声很细，像最细的琴弦上发出的声音。

并不是所有的蝉都会唱歌。雌蝉就是“哑巴蝉”，从来不会鸣叫。整个夏季在树上不停地鸣叫着的，都是雄蝉。

夏天里，如果你到树林里去仔细地观察，就会在树干上找到许多蝉蜕，那就是蝉脱下的皮。蝉在地下大约要住上四年以后，才可以爬出黑暗的“地牢”，爬上树干，脱去长期保护它的硬硬的蝉蜕。

刚脱壳的蝉很软弱，看上去苍白无力，像刚出生的婴儿，嫩嫩的。不过，很快它身体的颜色就变深了，身体也强壮起来，而且用不了多久，它们就加入了成年蝉们的大合唱之中：“知了……知了……知了……”

逮蝉有多种方法。我小时候经常使用的一种办法是：在一根长长的竹竿头上，绑上个三角形或圆形的柳条圈儿，再缠上很多有黏性的蜘蛛网，然后悄悄地走进有蝉的树林里，瞅准了一只蝉，便把竹竿轻轻伸到它的翅膀边，轻轻一捂，蝉的翅膀就被粘住了。还有一种办法，是用马尾丝结一个活扣儿套蝉。不过，这需要很大的耐心。这种办法一般是用来对付那些个头大、而又有点傻气的“马溜”的。

也可以在雨后的黄昏，到树林里去寻找幼蝉。下过雨之后，泥土松软了，这时候如果你在树下仔细观察，会找到幼蝉的小小的洞口。它们正准备爬出地面，到树干上去脱壳呢。或许，有的已经爬上树干了。把幼蝉拿回家，用一个小筛子扣住它，第二天早晨，再去看它，就会发现它已脱壳，变成一只真正的蝉了。

雏菊

[法国] 维克多·雨果

/ 作者简介 /

维克多·雨果 / 1802—1885

19世纪法国伟大诗人，也是伟大的小说家和戏剧家。他自中学时代就开始写作，24岁时已有几部诗集和中篇小说问世。雨果是19世纪法国浪漫主义文学运动的领袖，是一位追求社会进步的作家。

前几天我经过文宪路，一座联结两处六层高楼的木栅栏引起我的注意。它投影在路面上，透过拼合得不严紧的木板，阳光在影上划线，吸引人的平行金色条纹，像文艺复兴时期美丽的黑缎上所见的。我走近前去，往板缝里观看。这座栅栏今天所围住的，是两年前，1839年6月被焚毁的滑稽歌舞剧院的场地。

午后两时，烈日炎炎，路上空无人迹。一扇灰色的门，大概是单扇门，两边隆起中间凹下，还带洛可可式的装饰，可能是百年前爱俏的年轻女子的闺门，正安装在栅栏上。只要稍稍提起插栓就开了。我走了进去。

凄凄惨惨，无比荒凉。满地泥灰，到处是大石块，曾经加过粗工的被遗弃在那里等待，苍白如墓石，发霉像废墟。场里没有人，邻近的房屋墙上留有明显的火焰与浓烟的痕迹。

可是，这块土地，火灾以后已遭受两个春天的连续毁坏，在它的梯形的一隅，在一块正在变绿的巨石下面，延伸着埋葬虫与蜈蚣的地下室。巨石后面的阴暗处，长出了一些小草。

我坐在石上俯视这棵植物。天啊！就在那里长出一棵世界上最美丽的小小的雏菊，一只可爱的小小的飞虫绕着雏菊娇艳地来回飞舞。

这朵草花安静地生长，并遵循大自然的美好的规律，在泥土中，在巴黎中心，在两条街道之间，离王宫广场两步，离骑兵竞技场四步，在行人、店铺、出租马车、公共马车和国王的四轮华丽马车之间，这朵花，这朵临近街道的田野之花激起我无穷无尽的遐想。

十年前，谁能预见日后有一天在那里长出一朵雏菊！

如果说在这原址上，如像旁边的地面上，从没有别的什么，只有许多房屋，就是说房产业主、房客和看门人，以及夜晚临睡前小心翼翼地灭烛熄火的居民，那么在这里绝对不会长出田野的花。

这朵花凝结了多少事物，多少失败和成功的演出，多少破产的人家，多少意外的事故，多少奇遇，多少突然降临的灾难！对于每晚被吸引到这里来生活的我们这班人，如果两年前眼中出现这朵花，这帮人骇然会把它当作幽灵！命运是多么作弄人的迷宫，多少神秘的安排，归根结底，终于化为这洁光四射的悦目的小小黄太阳！

必须先要有一座剧院和一场火灾，即一个城市的欢乐和一个城市的恐怖，一个是人类最优美的发明，一个是最可怕的天灾，三十年的狂笑和三十小时的滚滚火焰，才生长出这朵雏菊，赢得这飞虫的喜悦！

对善于观察的人，最渺小的事物往往就是最重大的事物。

（沈宝基　译）

生活在大自然的怀抱里

[法国] 让-雅克·卢梭

/ 作者简介 /

让-雅克·卢梭 / 1712—1778

法国启蒙思想家、哲学家、教育学家、文学家。他的思想积极影响了法国资产阶级革命，他的文学作品对后世感伤主义和浪漫主义文学的影响极为深远。他的“回到自然”的口号影响了后世对儿童教育问题的处理。

为了到花园里看日出，我比太阳起得更早；如果这是一个晴天，我最殷切的期望是不要有信件或来访扰乱这一天的清宁。我用上午的时间做各种杂事。每件事都是我乐意完成的，因为这都不是非立即处理不可的急事，然后我匆忙用膳，为的是躲避那些不受欢迎的来访者，并且使自己有一个充裕的下午。即使最炎热的日子，在中午一点钟前我就顶着烈日带着小狗芳夏特出发了。由于担心不速之客会使我不能脱身，我加紧了步伐。可是，一旦绕过一个拐角，我觉得自己得救了，就激动而愉快地松了一口气，自言自语说：“今天下午我是自己的主宰了！”接着，我迈着平静的步伐，到树林中去寻觅一个荒野的角落，一个人迹不至因而没有任何奴役和统治印记的荒野的角落，一个我相信在我之前从未有人到过的幽静的角落，那儿，不会有令人厌恶的第三者跑来横隔在大自然和我之间。那儿，大自然在我眼前展开一幅永远清新的华丽的图景。金色的燃料木、紫红的欧石南非常繁茂，给我深刻的印象，使我欣悦；我头上树木的宏伟、我四周灌木的纤丽、我脚下花草的惊人的纷繁使我眼花缭乱，不知道应该观赏还是赞叹；这么多美好的东西竞相吸引我的注意力，使我在它们面前留步，从而助长我懒惰和爱空想的习惯，使我常常想：“不，全身辉煌的所罗门也无法同它们当中任何一个相比。”

我的想象不会让如此美好的土地长久渺无人烟。我按自己的意愿在那儿立即安排了居民，我把舆论、偏见和所有虚假的感情远远驱走，使那些配享受如此佳境的人迁进这大自然的乐园。我将把他们组成一个亲切的社会，而我相信自己并非其中不相称的成员。我按照自己的喜好建造一个黄金的世纪，并用那些我经历过的给我留下甜美记忆的情景和我的心灵还在憧憬的情境充实这美好的生活。我多么神往人类真正的快乐，如此甜美、如此纯洁、但如今已经远离人类的快乐。甚至每当念及此，我的眼泪就夺眶而出！啊！这个时刻，如果有关巴黎、我的世纪、我这个作家的卑微的虚荣心的念头来扰乱我的遐想，我就怀着无比的轻蔑立即将它们赶走，使我能够专心陶醉于这些充溢我心灵的美妙的感情！然而，在遐想中，我承认，我幻想的虚无有时会突然使我的心灵感到痛苦。甚至即使我所有的梦想变成现实，我也不会感到满足：我还会有新的梦想、新的期望、新的憧憬。我觉得我身上有一种没有什么东西能够填满的无法解释的空虚，有一种虽然我无法阐明，但我感到需要的对某种其他快乐的向往。然而，先生，甚至这种向往也是一种快乐，因为我从而充满一种强烈的感情和一种迷人的感伤——而这都是我不愿意舍弃的东西。

我立即将我的思想从低处升高，转向自然界所有的生命，转向事物普遍的体系。此刻我的心灵迷失在大千世界里，我停止思维，我停止冥想，我停止哲学的推理；我怀着快感，感到肩负着宇宙的重压。我陶醉于这些伟大观念的混杂，我喜欢任由我的想象在空间驰骋；我禁锢在生命的疆界内的心灵感到这儿过分狭窄，我在天地间感到窒息，我希望投身到一个无限的世界中去。我相信，如果我能够洞悉大自然所有的奥秘，我也许不会体会这种令人惊异的心醉神迷，而处在一种没有那么甜美的状态里；我的心灵所沉湎的这种出神入化的佳境使我在亢奋激动中有时高声呼唤。但除此之外，我不能讲出也不能思考任何别的东西。

（程依荣　译）

小试牛刀

1. 第一自然段中的最后一句话在文章中起到了什么样的作用？
2. 下列对这篇散文有关内容、结构的分析和概括，正确的是（　　）

A.文章首先从清新美丽的自然世界开始写起，开篇即点明了对自然世界的喜爱之情。

B.作者对自然世界的遐想既可以带愉悦的享受，也会带一些不愿产生的痛苦。

C.作者在构造想象的自然世界时，用自己在现实生活中不够美满的东西填充一切。

D.作者即使投入到一个无垠的世界里也会时时感到心灵的狭窄，不能思考任何问题。

答案：
1. 承上启下
2. B

第二辑

月是故乡明

Chapter 2

篇章序

“小时候，乡愁是一枚小小的邮票，我在这头，母亲在那头……”诗人余光中的名诗《乡愁》，写出了人类与生俱来的一种情感，尤其对于中国人而言，乡愁与我们的生活和命运从来都是如影随形、密不可分的。古往今来，无数诗人写下关于乡愁的名句：“举头望明月，低头思故乡”“春风又绿江南岸，明月何时照我还”“青青河畔草，绵绵思远道。远道不可思，夙昔梦见之。梦见在我旁，忽觉在他乡”……这样的诗句，每一字每一行，都深深地触碰着我们心灵中最柔软的地方。美丽的文字，不仅仅是我们生存和交往的工具，更是我们全部的记忆与乡愁，“露从今夜白，月是故乡明”。

故乡的野菜

周作人

/ 作者简介 /

周作人 / 1885—1967

中国现代著名散文家、文学理论家、评论家、诗人、文学翻译家、思想家，中国民俗学开拓人，新文化运动的杰出代表。

我的故乡不止一个，凡我住过的地方都是故乡。故乡对于我并没有什么特别的情分，只因钓于斯游于斯的关系，朝夕会面，遂成相识，正如乡村里的邻舍一样，虽然不是亲属，别后有时也要想念到他。我在浙东住过十几年，南京东京都住过六年，这都是我的故乡，现在住在北京，于是北京就成了我的家乡了。

日前我的妻往西单市场买菜回来，说起有荠菜在那里卖着，我便想起浙东的事来。荠菜是浙东人春天常吃的野菜，乡间不必说，就是城里只要有后园的人家都可以随时采食，妇女小儿各拿一把剪刀一只“苗篮”，蹲在地上搜寻，是一种有趣味的游戏的工作。那时小孩们唱道：“荠菜马兰头，姊姊嫁在后门头。”后来马兰头有乡人拿来进城售卖了，但荠菜还是一种野菜，须得自家去采。关于荠菜向来颇有风雅的传说，不过这似乎以吴地为主。《西湖游览志》云：“三月三日男女皆戴荠菜花。谚云：三春戴荠花，桃李羞繁华。”顾禄的《清嘉录》上亦说：“荠菜花俗呼野菜花，因谚有三月三蚂蚁上灶山之语，三日人家皆以野菜花置灶陉上，以厌虫蚁。侵晨村童叫卖不绝。或妇女簪髻上以祈清目，俗号眼亮花。”但浙东人却不很理会这些事情，只是挑来做菜或炒年糕吃罢了。

黄花麦果通称鼠曲草，系菊科植物，叶小微圆互生，表面有白毛，花黄色，簇生梢头。春天采嫩叶，捣烂去汁，和粉作糕，称黄花麦果糕。小孩们有歌赞美之云：

黄花麦果韧结结，
关得大门自要吃，
半块拿弗出，一块自要吃。

清明前后扫墓时，有些人家——大约是保存古风的人家——用黄花麦果作供，但不作饼状，做成小颗如指顶大，或细条如小指，以五六个作一攒，名曰茧果，不知是什么意思，或因蚕上山时设祭，也用这种食品，故有是称，亦未可知。自从十二三岁时外出不参与外祖家扫墓以后，不复见过茧果，近来住在北京，也不再见黄花麦果的影子了。日本称做“御形”，与荠菜同为春天的七草之一，也采来做点心用，状如艾饺，名曰“草饼”，春分前后多食之，在北京也有，但是吃去总是日本风味，不复是儿时的黄花麦果糕了。

扫墓时候所常吃的还有一种野菜，俗称草紫，通称紫云英。农人在收获后，播种田内，用做肥料，是一种很被贱视的植物，但采取嫩茎瀹食，味颇鲜美，似豌豆苗。花紫红色，数十亩接连不断，一片锦绣，如铺着华美的地毯，非常好看，而且花朵状若蝴蝶，又如鸡雏，尤为小孩所喜，间有白色的花，相传可以治痢。很是珍重，但不易得。日本《俳句大辞典》云："此草与蒲公英同是习见的东西，从幼年时代便已熟识。在女人里边，不曾采过紫云英的人，恐未必有罢。"中国古来没有花环，但紫云英的花球却是小孩常玩的东西，这一层我还替那些小人们欣幸的。浙东扫墓用鼓吹，所以少年常随了乐音去看"上坟船里的姣姣"；没有钱的人家虽没有鼓吹，但是船头上篷窗下总露出些紫云英和杜鹃的花束，这也就是上坟船的确实的证据了。

小试牛刀

1. 第一自然段中，作者说"故乡对于我并没有什么特别的情分"，从全文看，作者这样说的用意是什么？

____

2. 谚云："三春戴荠花，桃李羞繁华。""繁华"是什么意思？

____

答案：
1. 欲扬先抑，突出对故乡的思念之情。
2. 盛开。

故都的秋

郁达夫

/ 作者简介 /

郁达夫 / 1896—1945

新文学团体“创造社”的发起人之一，是位为抗日救国而殉难的爱国主义作家。在文学创作的同时，积极参加各种反帝抗日组织，其文学代表作有《沉沦》《故都的秋》《春风沉醉的晚上》等。

秋天，无论在什么地方的秋天，总是好的；可是啊，北国的秋，却特别地来得清，来得静，来得悲凉。我的不远千里，要从杭州赶上青岛，更要从青岛赶上北平来的理由，也不过想饱尝一尝这“秋”，这故都的秋味。

江南，秋当然也是有的，但草木凋得慢，空气来得润，天的颜色显得淡，并且又时常多雨而少风；一个人夹在苏州上海杭州，或厦门香港广州的市民中间，混混沌沌地过去，只能感到一点点清凉，秋的味，秋的色，秋的意境与姿态，总看不饱，尝不透，赏玩不到十足。秋并不是名花，也并不是美酒，那一种半开、半醉的状态，在领略秋的过程上，是不合适的。

不逢北国之秋，已将近十年了。在南方每年到了秋天，总要想起陶然亭的芦花，钓鱼台的柳影，西山的虫唱，玉泉的夜月，潭柘寺的钟声。在北平即使不出门去吧，就是在皇城人海之中，租人家一椽破屋来住着，早晨起来，泡一碗浓茶，向院子一坐，你也能看得到很高很高的碧绿的天色，听得到青天下驯鸽的飞声。从槐树叶底，朝东细数着一丝一丝漏下来的日光，或在破壁腰中，静对着像喇叭似的牵牛花（朝荣）的蓝朵，自然而然地也能够感觉到十分的秋意。说到了牵牛花，我以为以蓝色或白色者为佳，紫黑色次之，淡红色最下。最好，还要在牵牛花底，教长着几根疏疏落落的尖细且长的秋草，使作陪衬。

北国的槐树，也是一种能使人联想起秋来的点缀。像花而又不是花的那一种落蕊，早晨起来，会铺得满地。脚踏上去，声音也没有，气味也没有，只能感出一点点极微细极柔软的触觉。扫街的在树影下一阵扫后，灰土上留下来的一条条扫帚的丝纹，看起来既觉得细腻，又觉得清闲，潜意识下并且还觉得有点儿落寞，古人所说的梧桐一叶而天下知秋的遥想，大约也就在这些深沉的地方。

秋蝉的衰弱的残声，更是北国的特产；因为北平处处全长着树，屋子又低，所以无论在什么地方，都听得见它们的啼唱。在南方是非要上郊外或山上去才听得到的。这嘶叫的秋蝉，在北方可和蟋蟀耗子一样，简直像是家家户户都养在家里的家虫。

还有秋雨哩，北方的秋雨，也似乎比南方的下得奇，下得有味，下得更像样。

在灰沉沉的天底下，忽而来一阵凉风，便息列索落地下起雨来了。一层雨过，云渐渐地卷向了西去，天又青了，太阳又露出脸来了；着着很厚的青布单衣或夹袄的都市闲人，咬着烟管，在雨后的斜桥影里，上桥头树底去一立，遇见熟人，便会用了缓慢悠闲的声调，微叹着互答着地说：

“唉，天可真凉了——”（这了字念得很高，拖得很长。）

“可不是吗？一层秋雨一层凉啦！”北方人念阵字，总老像是层字，平平仄仄起来，这念错的歧韵，倒来得正好。

北方的果树，到秋天，也是一种奇景。第一是枣子树；屋角，墙头，茅房边上，灶房门口，它都会一株株地长大起来。像橄榄又像鸽蛋似的这枣子颗儿，在小椭圆形的细叶中间，显出淡绿微黄的颜色的时候，正是秋的全盛时期；等枣树叶落，枣子红完，西北风就要起来了，北方便是尘沙灰土的世界，只有这枣子、柿子、葡萄，成熟到八九分的七八月之交，是北国的清秋的佳日，是一年之中最好也没有的Golden Days。

有些批评家说，中国的文人学士，尤其是诗人，都带着很浓厚的颓废色彩，所以中国的诗文里，颂赞秋的文字特别多。但外国的诗人，又何尝不然？我虽则外国诗文念得不多，也不想开出账来，做一篇秋的诗歌散文钞，但你若去一翻英德法意等诗人的集子，或各国的诗文的Anthology来，总能够看到许多关于秋的歌颂和悲啼。各著名的大诗人的长篇田园诗或四季诗里，也总以关于秋的部分，写得最出色而最有味。足见有感觉的动物，有情趣的人类，对于秋，总是一样地能特别引起深沉、幽远、严厉、萧索的感触来的。不单是诗人，就是被关闭在牢狱里的囚犯，到了秋天，我想也一定能感到一种不能自已的深情；秋之于人，何尝有国别，更何尝有人种阶级的区别呢？不过在中国，文字里有一个“秋士”的成语，读本里又有着很普遍的欧阳子的《秋声》与苏东坡的《赤壁赋》等，就觉得中国的文人，与秋的关系特别深了。可是这秋的深味，尤其是中国的秋的深味，非要在北方，才感受得到底。

南国之秋，当然是也有它的特异的地方的，譬如廿四桥的明月，钱塘江的秋潮，普陀山的凉雾，荔枝湾的残荷，等等，可是色彩不浓，回味不永。比起北国的秋来，正像是黄酒之与白干，稀饭之与馍馍，鲈鱼之与大蟹，黄犬之与骆驼。

秋天，这北国的秋天，若留得住的话，我愿意把寿命的三分之二折去，换得一个三分之一的零头。

故乡的鸟
（节选）

汪曾祺

/ 作者简介 /

汪曾祺 / 1920—1997

中国作家、散文家，京派作家的代表人物，里下河文学流派的创始人，被誉为“抒情的人道主义者”“中国最后一个纯粹的文人”“中国最后一个士大夫”。他写作平淡质朴、如话家常，主要作品有《大淖记事》《受戒》《晚饭花集》等。

我每天醒在鸟声里。我从梦里就听到鸟叫，直到我醒来。我听得出几种极熟悉的叫声，那是每天都叫的，似乎每天都在那个固定的枝头。

有时一只鸟冒冒失失飞进那个花厅里，于是大家赶紧关门，关窗子，吆喝，拍手，用书扔，竹竿打，甚至把自己帽子向空中摔去。可怜的东西这一来完全没了主意，只是横冲直撞地乱飞，碰在玻璃上，弄得一身蜘蛛网，最后大概都是从两椽之间空隙脱走。

园子里时时晒米粉，晒灶饭，晒碗儿糕。怕鸟来吃，都放一片红纸。为了这个警告，鸟儿照例就不来。我有时把红纸拿掉让它们大吃一阵，到觉得它们太不知足时，便大喝一声赶去。

我为一只鸟哭过一次。那是一只麻雀或是癞花。也不知从什么人处得来的，欢喜得了不得，把父亲不用的细篾笼子挑出一个最好的来给它住，配一个最好的雀碗，在插架上放了一个荸荠，安了两根风藤跳棍，整整忙了一半天。第二天起得格外早，把它挂在紫藤架下。正是花开的时候，我想是那全园最好的地方了。一切弄得妥妥当当后，独自还欣赏了好半天，我上学去了。一放学，急急回来，带着书便去看我的鸟。笼子掉在地下，碎了，雀碗里还有半碗水，“我的鸟，我的鸟呐！”父亲正在给碧桃花接枝，听见我的声音，忙走过来，把笼子拿起来看看，说：“你挂得太低了，鸟在大伯的玳瑁猫肚子里了。”“哇”的一声，我哭了。父亲推着我的头回去，一面说：“不害羞，这么大人了。”

有一年，园里忽然来了许多夜哇子。这是一种鹭鸶属的鸟，灰白色，据说它们头上那根毛能破天风。所以有那么一种名，大概是因为它的叫声如此吧。故乡古话说这种鸟常带来幸运。我见它们吃吃喳喳做窠了，我去告诉祖母，祖母去看了看，没有说什么话。我想起它们来了，也有一天会像来了一样又去了的。我尽想，从来处来，从去处去，一路走，一路望着祖母的脸。

印度洋上的秋思

（节选）

徐志摩

/ 作者简介 /

徐志摩 / 1897—1931

现代诗人、散文家，新月派诗人，新月诗社成员。代表作品有《再别康桥》《翡冷翠的一夜》。

昨夜中秋。黄昏时西天挂下一大帘的云母屏，掩住了落日的光潮，将海天一体化成暗蓝色，寂静得如黑衣尼在圣座前默祷。过了一刻，即听得船梢布篷上窸窸窣窣啜泣起来，低压的云夹着迷蒙的雨色，将海线逼得像湖一般窄，沿边的黑影，也辨认不出是山是云，但涕泪的痕迹，却满布在空中水上。又是一番秋意！那雨声在急骤之中，有零落萧疏的况味，连着阴沉的气氲，只是在我灵魂的耳畔私语道："秋"！我原来无欢的心境，抵御不住那样温婉的浸润，也就开放了春夏间所积受的秋思，和此时外来的怨艾构合，产出一个弱的婴儿——"愁"。

天色早已沉黑，雨也已休止。但方才啜泣的云，还疏松地幕在天空，只露着些惨白的微光，预告明月已经装束齐整，专等开幕。同时船烟正在莽莽苍苍地吞吐，筑成一座蟒鳞的长桥，直联及西天尽处，和轮船泛出的一流翠波白沫，上下对照，留恋西来的踪迹。

北天云幕豁处，一颗鲜翠的明星，喜滋滋地先来问探消息，像新嫁媳的侍婢，也穿扮得遍体光艳。但新娘依然姗姗未出。

我小的时候，每于中秋夜，呆坐在楼窗外等看“月华”。若然天上有云雾缭绕，我就替“亮晶晶的月亮”担扰。若然见了鱼鳞似的云彩，我的小心就欣欣怡悦，默祷着月儿快些开花，因为我常听人说只要有“瓦楞”云，就有月华；但在月光放彩以前，我母亲早已逼我去上床，所以月华只是我脑筋里一个不曾实现的想象，直到如今。

现在天上砌满了瓦楞云彩，霎时间引起了我早年许多有趣的记忆——但我的纯洁的童心，如今哪里去了！

月光有一种神秘的引力。她能使海波咆哮，她能使悲绪生潮。月下的喟息可以结聚成山，月下的情泪可以培畤百亩的畹兰，千茎的紫琳耿。我疑悲哀是人类先天的遗传，否则，何以我们几年不知悲感的时期，有时对着一泻的清辉，也往往凄心滴泪呢？

但我今夜却不曾流泪。不是无泪可滴，也不是文明教育将我最纯洁的本能锄净，却为是感觉了神圣的悲哀，将我理解的好奇心激动，想学契古特白登来解剖这神秘的“眸冷骨累”。冷的智永远是热的情的死仇。他们不能相容的。但在这样浪漫的月夜，要来练习冷酷的分析，似乎不近人情，所以我的心机一转，重复将锋快的智力剧起，让沉醉的情泪自然流转，听他产生什么音乐，让绻缱的诗魂漫自低回，看他寻出什么梦境。

明月正在云岩中间，周围有一圈黄色的彩晕，一阵阵的轻霭，在她面前扯过。海上几百道起伏的银沟，一齐在微叱凄其的音节，此外不受清辉的波域，在暗中坟坟涨落，不知是怨是慕。

想北平

老 舍

/ 导读赏析 /

"北平的地方那么大，事情那么多"，老舍先生又不愿"捡着我知道的写，而躲开我所不知道的"，于是将对北平的感情上升到爱母亲的地位，用最通俗质朴的言辞，写出了自己与北平"你"中有"我"，"我"中有"你"的情愫。

设若让我写一本小说，以北平作背景，我不至于害怕，因为我可以捡着我知道的写，而躲开我所不知道的。但要让我把北平一一道来，我没办法。北平的地方那么大，事情那么多，我知道的真是太少了，虽然我生在那里，一直到廿七岁才离开。以名胜说，我没到过陶然亭，这多可笑！以此类推，我所知道的那点只是"我的北平"，而我的北平大概等于牛的一毛。

可是，我真爱北平。这个爱几乎是要说而说不出的。我爱我的母亲。怎样爱？我说不出。在我想做一件讨她老人家喜欢的事情的时候，我独自微微地笑着；在我想到她的健康而不放心的时候，我欲落泪。言语是不够表现我的心情的，只有独自微笑或落泪才足以把内心揭露在外面一些来。我之爱北平也近乎这个。夸奖这个古城的某一点是容易的，可是那就把北平看得太小了。

我所爱的北平不是枝枝节节的一些什么，而是整个儿与我的心灵相黏合的一段历史，一大块地方，多少风景名胜，从雨后什刹海的蜻蜓一直到我梦里的玉泉山的塔影，都积凑到一块，每一小的事件中有个我，我的每一思念中有个北平，这只有说不出而已。

真愿成为诗人，把一切好听好看的字都浸在自己的心血里，像杜鹃似的啼出北平的俊伟。啊！我不是诗人！我将永远道不出我的爱，一种像由音乐与图画所引起的爱。这不但辜负了北平，也对不住我自己，因为我的最初的知识与印象都得自北平，它是在我的血里，我的性格与脾气里有许多地方是这古城所赐给的。我不能爱上海与天津，因为我心中有个北平。可是我说不出来！

伦敦，巴黎，罗马与堪司坦丁堡，曾被称为欧洲的四大“历史的都城”。我知道一些伦敦的情形；巴黎与罗马只是到过而已；堪司坦丁堡根本没有去过。就伦敦、巴黎、罗马来说，巴黎更近似北平——虽然“近似”两字要拉扯得很远——不过，假使让我“家住巴黎”，我一定会和没有家一样的感到寂苦。巴黎，据我看，还太热闹。自然，那里也有空旷静寂的地方，可是又未免太旷；不像北平那样既复杂而又有个边际，使我能摸着——那长着红酸枣的老城墙！面向着积水滩，背后是城墙，坐在石上看水中的小蝌蚪或苇叶上的嫩蜻蜓，我可以快乐地坐一天，心中完全安适，无所求也无可怕，像小儿安睡在摇篮里。是的，北平也有热闹的地方，但是它和太极拳相似，动中有静。巴黎有许多地方使人疲乏，所以咖啡与酒是必要的，以便刺激；在北平，有温和的香片茶就够了。

论说巴黎的布置已比伦敦罗马匀调得多了，可是比上北平还差点事儿。北平在人为之中显出自然，几乎是什么地方既不挤得慌，又不太僻静：最小的胡同里的房子也有院子与树；最空旷的地方也离买卖街与住宅区不远。这种分配法可以算——在我的经验中——天下第一了。北平的好处不在处处设备得完全，而在它处处有空儿，可以使人自由地喘气；不在有好些美丽的建筑，而在建筑的四周都有空闲的地方，使它们成为美景。每一个城楼，每一个牌楼，都可以从老远就看见。况且在街上还可以看见北山与西山呢！

好学的，爱古物的，人们自然喜欢北平，因为这里书多古物多。我不好学，也没钱买古物。对于物质上，我却喜爱北平的花多菜多果子多。花草是种费钱的玩艺，可是此地的“草花儿”很便宜，而且家家有院子，可以花不多的钱而种一院子花，即使算不了什么，可是到底可爱呀。墙上的牵牛，墙根的靠山竹与草茉莉，是多么省钱省事而也足以招来蝴蝶呀！至于青菜，白菜，扁豆，毛豆角，黄瓜，菠菜，等等，大多数是直接由城外担来而送到家门口的。雨后，韭菜叶上还往往带着雨时溅起的泥点。青菜摊子上的红红绿绿几乎有诗似的美丽。果子有不少是由西山与北山来的，西山的沙果，海棠，北山的黑枣，柿子，进了城还带着一层白霜儿呀！哼，美国的橘子包着纸，遇到北平的带霜儿的玉李，还不愧杀！

是的，北平是个都城，而能有好多自己产生的花，菜，水果，这就使人更接近了自然。从它里面说，它没有像伦敦的那些成天冒烟的工厂；从外面说，它紧连着园林，菜圃与农村。采菊东篱下，在这里，确是可以悠然见南山的；大概把“南”字变个“西”或“北”，也没有多少了不得的吧。像我这样的一个贫寒的人，或者只有在北平能享受一点清福了。

好，不再说了吧；要落泪了，真想念北平呀！

雨前

何其芳

/ 作者简介 /

何其芳 / 1912—1977

现代诗人、散文家、文学评论家。在散文创作上，他自称“我的工作是在为抒情的散文发现一个新的园地”，他善于融合诗的特点，写出浓郁缠绵的文字，借用新奇的比喻和典故，渲染幻美的颜色和图案，使其散文别具风格。

最后的鸽群带着低弱的笛声在微风里划一个圈子后，也消失了。也许是误认这灰暗的凄冷的天空为夜色的来袭，或是也预感到风雨的将至，遂过早地飞回它们温暖的木舍。

几天的阳光在柳条上撒下的一抹嫩绿，被尘土埋掩得有憔悴色了，是需要一次洗涤。还有干裂的大地和树根也早已期待着雨。雨却迟疑着。

我怀想着故乡的雷声和雨声。那隆隆的有力的搏击，从山谷返响到山谷，仿佛春之芽就从冻土里震动，惊醒，而怒茁出来。细草样柔的雨声又以温存之手抚摩它，使它簇生油绿的枝叶而开出红色的花。这些怀想如乡愁一样萦绕得使我忧郁了。我心里的气候也和这北方大陆一样缺少雨量，一滴温柔的泪在我枯涩的眼里，如迟疑在这阴沉的天空里的雨点，久不落下。

白色的鸭也似有一点烦躁了，有不洁的颜色的都市的河沟里传出它们焦急的叫声。有的还未厌倦那船一样的徐徐地划行，有的却倒插它们的长颈在水里，红色的蹼趾伸在尾巴后，不停地扑击着水以支持身体的平衡。不知是在寻找沟底的细微的食物，还是贪那深深的水里的寒冷。

有几个已上岸了。在柳树下来回地作绅士的散步，舒息划行的疲劳。然后参差地站着，用嘴细细地梳理它们遍体白色的羽毛，间或又摇动身子或扑展着阔翅，使那缀在羽毛间的水珠坠落。一个已修饰完毕的，弯曲它的颈到背上，长长的红嘴藏没在翅膀里，静静合上它白色的茸毛间的小黑眼睛，仿佛准备睡眠。可怜的小动物，你就是这样做你的梦吗？

我想起故乡放雏鸭的人了。一大群鹅黄的雏鸭游牧在溪流间。清浅的水，两岸青青的草，一根长长的竹竿在牧人的手里。他的小队伍是多么欢欣地发出啁啾声，又多么驯服地随着他的竿头越过一个山野又一个山坡。夜来了，帐幕似的竹篷撑在地上，就是他的家。但这是怎样辽远的想象呵！在这多尘土的国土里，我仅只希望听见一点树叶上的雨声。一点雨声的幽凉滴到我憔悴的梦，也许会长成一树圆圆的绿阴来覆荫我自己。

我仰起头。天空低垂如灰色的雾幕，落下一些寒冷的碎屑到我脸上。一只远来的鹰隼仿佛带着怒愤，对这沉重的天色的怒愤，平张的双翅不动地从天空斜插下，几乎触到河沟对岸的土阜，而又鼓扑着双翅，作出猛烈的声响腾上了。那样巨大的翅使我惊异，我看见了它两肋间斑白的羽毛。

接着听见了它有力的鸣声，如同一个巨大的心的呼号，或是在黑暗里寻找伴侣的叫唤。

然而雨还是没有来。

藕与莼菜

叶圣陶

/ 导读赏析 /

家乡的“藕”与“莼菜”共同的特点便是每日都可以吃到的，鲜嫩可口的。由此借物抒情，牵挂它们便是在牵挂故乡，牵挂故乡的人，表达了作者对故乡的思念、热爱之情。

同朋友喝酒，嚼着薄片的雪藕，忽然怀念起故乡来了。若在故乡，每当新秋的早晨，门前经过许多乡人：男的紫赤的胳膊和小腿肌肉突起，躯干高大且挺直，使人起康健的感觉；女的往往裹着白地青花的头巾，虽然赤脚，却穿短短的夏布裙，躯干固然不及男的那样高，但是别有一种康健的美的风致；他们各挑着一副担子，盛着鲜嫩的玉色的长节的藕。在产藕的池塘里，在城外曲曲弯弯的小河边，他们把这些藕一再洗濯，所以这样洁白。仿佛他们以为这是供人品味的珍品，这是清晨的画境里的重要题材，倘若涂满污泥，就把人家欣赏的浑凝之感打破了；这是一件罪过的事，他们不愿意担在身上，故而先把它们洗濯得这样洁白，才挑进城里来。他们要稍稍休息的时候，就把竹扁担横在地上，自己坐在上面，随便拣择担里过嫩的“藕枪”或是较老的“藕朴”，大口地嚼着解渴。过路的人就站住了，红衣衫的小姑娘拣一节，白头发的老公公买两支。清淡的甘美的滋味于是普遍于家家户户了。这样情形差不多是平常的日课，直到叶落秋深的时候。

在这里上海，藕这东西几乎是珍品了。大概也是从我们故乡运来的，但是数量不多，自有那些伺候豪华公子硕腹巨贾的帮闲茶房们把大部分抢去了；其余的就要供在较大的水果铺里，位置在金山苹果吕宋香芒之间，专待善价而沽。至于挑着担子在街上叫卖的，也并不是没有，但不是瘦得像乞丐的臂和腿，就是涩得像未熟的柿子，实在无从欣羡。因此，除了仅有的一回，我们今年竟不曾吃过藕。

这仅有的一回不是买来吃的，是邻舍送给我们吃的。他们也不是自己买的，是从故乡来的亲戚带来的。这藕离开它的家乡大约有好些时候了，所以不复呈玉样的颜色，却满披着许多锈斑。削去皮的时候，刀锋过去，很不爽利。切成片送进嘴里嚼着，有些儿甘味，但是没有那种鲜嫩的感觉，而且似乎含了满口的渣，第二片就不想吃了。只有孩子很高兴，他把这许多片嚼完，居然有半点钟工夫不再作别的要求。

想起了藕就联想到莼菜。在故乡的春天，几乎天天吃莼菜。莼菜本身没有味道，味道全在于好的汤。但是嫩绿的颜色与丰富的诗意，无味之味真足令人心醉。在每条街旁的小河里，石埠头总歇着一两条没篷的船，满舱盛着莼菜，是从太湖里捞来的。取得这样方便，当然能日餐一碗了。

而在这里上海又不然，非上馆子就难以吃到这东西。我们当然不上馆子，偶然有一两回去叨扰朋友的酒席，恰又不是莼菜上市的时候，所以今年竟不曾吃过。直到最近，伯祥的杭州亲戚来了，送他瓶装的西湖莼菜，他送给我一瓶，我才算尝了新。

向来不恋故乡的我，想到这里，感得故乡可爱极了。我自己也不明白，为什么会起这么深浓的情绪？再一思索，实在很浅显：因为在故乡有所恋，而所恋又只在故乡有，就萦系着不能割舍了。譬如亲密的家人在那里，知心的朋友在那里，怎得不恋恋？怎得不怀念？但是仅仅为了爱故乡么？不是的，不过在故乡的几个人把我们牵系着罢了。若无所牵系，更何所恋念？像我现在，偶然被藕与莼菜所牵系，所以就怀念起故乡来了。

所恋在哪里，哪里就是我们的故乡了。

小试牛刀

1. 文中第二自然段，作者重点回忆了秋天故乡的早上，哪些值得记忆的方面？

____

____

2. 文中的结尾部分说道“向来不恋故乡的我，想到这里，感得故乡可爱极了”与文章的第一自然段哪句话呼应？

____

____

答案：

1. 勤劳、淳朴的男女藕农，鲜嫩玉色的长节藕，城外曲曲弯弯的小河边濯藕。
2. 忽然怀念起故乡来了。

故乡的山泉

徐　鲁

/ 导读赏析 /

故乡的山泉是让人怀念的，可故乡的山泉已经消失了，因为要变成一个高尔夫球场，作者知道这种情况难以改变，十分无奈，只能用文字表达内心的无限眷恋之情。同时这也是一种呼唤，希望唤起大家的注意，保护家乡，保护人们生存的根基。

故乡的山泉已经消失了……

是的，就连山泉流过的那条布满层层梯田的碾子沟，也被填平了。

这次回到故乡，童年的伙伴告诉我说，村西碾子沟两边的土地，已经被开发商“征走”，不久就要变成一个高尔夫球场了。

我压抑着内心的痛惜，问道：“将来，你们，——不，是我们，还有我们的孩子，天天要在这里打高尔夫球吗？”没有谁能够回答我。

“那道山泉，养育过咱们村里多少代人啊！那么清凉、那么甜的泉水，永远地消失了，再也看不到、喝不到了，你们就不心疼？就不觉得可惜吗？你们都忘记了小时候一起去碾子沟里干活儿，累了渴了就往山泉边跑的情景吗？”我知道，老家的伙伴们，也都无力去保护童年时代的那道山泉。

诗云：“未老莫还乡，还乡须断肠。”回到故乡，我看见，那永远消失了的，何止一道山泉。曾经环绕在我们村边的清清小溪，穿过小村的光滑的石板路，坐落在村西的古老的磨坊，还有村东山坡上的苹果园，矗立在那座古老的家庙旁边的高大的老槐树……都看不见了，再也找不到了！

它们都到哪里去了啊？盘桓在空寂的、被开发商们折腾得支离破碎、看不见一棵绿色的小树的村外，我的心里似有愁绪百结，痛楚难忍，口里也好像有吞了黄连一样的苦味。

我依依回想着往日的村庄、童年记忆里的故乡……

哎，在那盛开着石竹花和雏菊的幽静的山谷间，或者，在那连结着远山、地平线和我们村子的乡土路边；在那微凉的、笼罩着乳汁似的白烟的春天的早晨，或者，在那金灿灿的、荡漾着我们丰收的欢笑声的秋日的傍晚……清清的故乡的山泉，曾经宛若一支支如歌的行板，带着母亲般的温和，潺潺流淌着，流淌在我们因耕种劳作而疲惫、而饥渴，又因收割和期待而幸福、而充实的日子里。也曾经有过那种时候，叮咚的山泉，流淌在我们每个人都感到寂寞与寒冷的冬日的梦里，但它同样以母亲的温柔，安慰着我们，滋育着我们，供我们啜饮它仅有的清甜，直到我们的每一颗心、每一脉血管，都被它注入一种温暖的情感和永不动摇的信念——

好好爱它吧，孩子，这是我们自己的水土，这是我们世代的家园！不要忧愁，孩子，记住这道山泉水，是养育过我们祖先的水；记住这些山沟和梯田，是供养着我们生生不息的山沟和梯田。凭着我们每个人粗壮的手臂，凭着我们每个人对乡土的忠诚和热爱，幸福的生活一定会在这块土地上生长，我们都会幸福的！

——这是母亲般的泥土和泉水的恩赐啊！凭着不老的岁月和不竭的泉水，让我们都来相信吧：幸福、祥和、美满的日子，总会完整无缺地属于我们……

哎，故乡的山泉，你这清冽、甘美的慈母之乳啊！

而在从前，在我们很小的时候，没有谁能够告诉我们，你是从哪里流来，你又将流向何方。也没有人知道，你独自流淌了多少年，你为什么有着那么多流也流不尽的清冽与甘甜。

曾经有多少个饥饿的童年的日子，我们拾穗在田野，放羊在草坡，躲雨在茅棚……当我沿着秋日的小路走来，坐下歇息的时候，聆听着你的叮咚的声音，我就常常对着空旷的碾子沟发呆和痴想——

故乡的大山深处，该不会流得空空了吧？难道真的是像祖父说的那样，在大山那边的白云深处，住着一位好心的水神仙？

哎，只因为喝着这甘甜的山泉水，我们这一代代孩子，才如一棵棵小树一样，坚强地生长着。欢乐与幸运，也一次一次地来到我们的身边，来到我们共同的艰辛的村庄和土地上……今天回首，有多少沉重、深情的往事，使我依恋，又使我无限伤感。我在想，我的埋怨和愤怒又有什么意义呢？我自己，不是也早已远离了这个曾经养育过我的生命、洗涤过我的灵魂的村庄和这片乡土吗？我自己，难道不是也离这片曾经打湿过我的头发、扭伤过我的脚踝、曝晒过我的肌肤的风雨和苍烟越来越疏远了吗？

哎，那是从哪儿吹来的一团团烟雾啊，遮住了我们心中那幽幽的山谷？那唯一的黄土小路哪儿去了？那些长满马兰花和车前草、牛蒡花的河岸呢？那流淌着我们的欢乐与忧愁的童年的流水呢？还有你，还有你们——

那默默地养育了我又默默地把我送走的人，你们都在哪儿呢？在哪儿能重新听到你们深情地呼唤我的声音呢？那在正午的小河边，在暮色苍茫的村口，在清早结满白霜的井台上，在黄昏的灶火边，在黑夜的老磨坊边，你们温存地叫着我的小名儿的声音——那散发着泥土、青苔和苦艾的气息的声音啊……

哎，故乡的山泉，你这清冽、甘美的慈母之乳啊，你在故乡的大地上消失了，却永远地流淌在我的心头。

村

[俄国] 伊凡 · 谢尔盖耶维奇 · 屠格涅夫

/ 作者简介 /

伊凡 · 谢尔盖耶维奇 · 屠格涅夫 / 1818—1883

俄国作家。代表作有《罗亭》《贵族之家》《前夜》《猎人笔记》等。《猎人笔记》是他的成名作，标志着他向现实主义的转变。屠格涅夫驾驭文字能力是出神入化的，文中还常运用象征的手法。他在俄国文学史上有着重要的地位。

这是六月的最后一天。

在周围一千俄里之内，便是俄罗斯——我的故乡。

均匀的蓝色染满了整个天空；天上只有一片云彩——不知是在飘浮呢，还是在消散。没有风，天气晴和……空气像新鲜牛奶那样清净！

云雀在高声鸣叫；鼓胸鸽在咕咕低语；燕子在静悄悄地翱翔；马儿有的在打响鼻，有的在嚼草；狗儿没有发出吠声，站在一旁温驯地摇着尾巴。

空气里散发着烟和青草的气味，还夹杂着一点儿松脂和皮革的气味。大麻田里开满了大麻花，散发着浓郁的令人愉快的芳香。

一条深深的斜谷。两边种着成排的杨树，树叶婆娑，下面的树干却已龟裂了。一条小溪沿着山谷流去；透过碧清的涟漪，溪底的小石仿佛在颤动。远处，在天和地的交界线上，出现了一条大河的碧流。

沿着山谷——一边是整齐的小粮仓，门儿紧闭着的小堆栈；另一边是五六间薄木板屋顶的松木小农舍。每个屋顶都竖着一根长长的掠鸟竿，每家门前都有一匹结实健壮的短鬃小马，粗糙不平的窗玻璃上，辉映出虹的色彩。木板套窗上描绘了花瓶的图样。每座小农舍前，都端端正正地摆着一张完好的条凳；猫儿在土堆上曲蜷成团，耸着透明的耳朵；高高的门槛外边，是凉爽幽暗的阴影。

我铺开马衣，躺在山谷的边缘；四周是一堆堆香气扑鼻、刚刚割下的干草堆。机灵的农人们，把干草散放在小农舍前边：让它在向阳处晒得更干透一些，然后再从那儿放到草棚去。要是睡在那上面，再舒服不过了！

孩子们鬈发的头，从每一个干草堆里钻出来；有冠毛的牝鸡，在干草中寻觅着蚊蚋和甲虫；一只白唇小狗，在蓬乱的草堆里翻滚。

亚麻色头发的少年们穿着洁净的低束着腰带的衬衫，穿着笨重的镶边皮靴，胸部靠在卸了马的大车上，彼此交谈着有趣的话题，谑笑着。

一个圆脸的年轻女人，从窗口伸出头来探望；她笑着，不知是听了他们的话发笑呢，还是在笑干草堆里的孩子们的喧闹。

另一个年轻女人用两只有力的手，从井里拉出一个湿淋淋的大吊桶……吊桶不住地颤抖，在绳子尾端摇晃，掉出长长的闪光的水滴。

在我面前，站着一个老农妇，穿着新的方格布裙子和崭新的毛皮鞋。

一挂大空心串珠在她黝黑瘦弱的膀子上绕了三圈；一块染有红点点的黄色头巾裹着她的头发，直到黯淡无神的眼睛上边。

可是，她那对老眼睛却含着欢迎的笑意；整张布满皱纹的脸上，堆满了笑容。想必这老太婆已经年逾七旬了……然而即使是现在，也还可以看出来：她年轻时候曾是个美人！

她伸开晒黑的右手手指，直接从地窖里拿出一壶上面浮着一层奶酪的冷牛奶；壶唇四边沾着点点奶汁，好像一串串珍珠。老太婆用右手掌递给我一大块还热烘烘的面包。“吃吧，”她说，“祝您健康，远方的客人！”

一只雄鸡忽然高声啼鸣，并且烦躁地拍着翅膀，响应它的是一头拴着的牛犊不急不忙的哞哞声。

“啊呀，多好的燕麦！”传来我的马车夫的话声。

呵，俄罗斯自由之村的富足、宁静、丰饶啊！呵，和平和幸福啊！

（黄伟经　译）

小试牛刀

1. “空气像新鲜牛奶那样清净”运用了哪种修辞手法？请选出来（　　）

   A.比喻　　B.夸张　　C.拟人

2. “可是，她那对老眼睛却含着欢迎的笑意；整张布满皱纹的脸上，堆满了笑容。想必这老太婆已经年逾七旬了……然而即使是现在，也还可以看出来：她年轻时候曾是个美人！”运用了什么描写手法？

____

答案：
1. A
2. 外貌描写

第三辑

康乃馨的芬芳

Chapter 3

篇章序

罗曼·罗兰曾说："母爱是一种巨大的火焰。"是啊，这把火焰从怀胎十月开始，到孩童落地、成长，一路陪伴、一路燃烧，任何时候都无怨无悔。母爱纯洁，是全心全意的付出，不掺任何杂念；母爱无畏，即使遇到狂风暴雨，也绝不退步；母爱坚韧，从不轻言放弃；母爱也最细碎、质朴、浓郁，是春夏秋冬四季轮换中，一抹康乃馨的芬芳。

荷叶母亲

冰 心

/ 作者简介 /

冰心 / 1900—1999

原名谢婉莹。诗人、现代作家、儿童文学家、散文家、翻译家。散文集《寄小读者》，诗集《春水》《繁星》在文学史上享有盛名，哺育了几代青少年。

父亲的朋友送给我们两缸莲花，一缸是红的，一缸是白的，都摆在院子里。

八年之久，我没有在院子里看莲花了——但故乡的园院里，却有许多；不但有并蒂的，还有三蒂的，四蒂的，都是红莲。

九年前的一个月夜，祖父和我在园里乘凉。祖父笑着和我说：“我们园里最初开三蒂莲的时候，正好我们大家庭中添了你们三个姊妹。大家都欢喜，说是应了花瑞。”

半夜里听见繁杂的雨声，早起是浓阴的天，我觉得有些烦闷。从窗内往外看时，那一朵白莲已经谢了，白瓣儿小船般散漂在水面。梗上只留个小小的莲蓬，和几根淡黄色的花须。那一朵红莲，昨天还是菡萏的，今晨却开满了，亭亭地在绿叶中间立着。

仍是不适意！——徘徊了一会子，窗外雷声作了，大雨接着就来，愈下愈大。那朵红莲，被那繁密的雨点，打得左右攲斜。在无遮蔽的天空之下，我不敢下阶去，也无法可想。

对屋里母亲唤着，我连忙走过去，坐在母亲旁边——一回头忽然看见红莲旁边的一个大荷叶，慢慢地倾侧了来，正覆盖在红莲上面……我不宁的心绪散尽了！

雨势并不减退，红莲却不摇动了。雨点不住地打着，只能在那勇敢慈怜的荷叶上面，聚了些流转无力的水珠。

我心中深深地受了感动——

母亲啊！你是荷叶，我是红莲。心中的雨点来了，除了你，谁是我在无遮拦天空下的荫蔽？

小试牛刀

1. 在这篇文章中，作者将自己比作什么？又将母亲比作什么？
2. 你能说出一首有关于歌颂母爱的古诗吗？

答案：
1. 将自己比作红莲，将母亲比作荷叶。
2. 游子吟 【唐】孟郊

只因为你是我的女儿
（节选）

……冰　心……

/ 导读赏析 /

我们常常歌颂母爱的伟大，因为“她的爱是不附带任何条件的”，于千万人中，有这样一个人爱你超过千百倍地爱自己，问其原因，理由仅有一个——只因为你是我的女儿。

我常喜欢挨坐在母亲的旁边，挽住她的衣袖，央求她述说我幼年的事。

母亲凝想地，含笑地，低低地说：“不过有三个月罢了，偏已是这般多病。听见端药杯的人的脚步声，已知道惊怕啼哭。许多人围在床前，乞怜的眼光，不望着别人，只向着我，似乎已经从人群里认识了你的母亲！”这时眼泪已湿了我们两个人的眼角！……

当她说这些事的时候，我总是脸上堆着笑，眼里满了泪。听完了，用她的衣襟来印我的眼角，静静地伏在她的膝上。这时宇宙已经没有了，只有母亲和我，最后我也没有了，只有母亲，因为我本是她的一部分！

这是如何可惊喜的事，从母亲口中，逐渐地发现了，完成了我自己！她从最初已知道我，认识我，喜爱我。在我不知道不承认世界上有个我的时候，她已爱了我了。我从三岁上，才慢慢地在宇宙中寻到了自己，爱了自己，认识了自己；然而我所知道的自己，不过是母亲意念中的百分之一，千万分之一。

小朋友！当你寻见了世界上有一个人，认识你，知道你，爱你，都千百倍地胜过你自己的时候，你怎能不感激，不流泪，不死心塌地爱她，而且死心塌地地容她爱你？

有一次幼小的我，忽然走到母亲面前，仰着脸问："妈妈，你到底为什么爱我？"母亲放下针线，用她的面颊，抵住我的前额，温柔地，不迟疑地说："不为什么，——只因你是我的女儿！"

小朋友！我不信世界上还有人能说这句话！"不为什么"四个字，从她口里说出来，何等刚决，何等无回旋。她爱我，不是因为我是"冰心"，或是其他人世间的一切虚伪的称呼和名字！她的爱是不附带任何条件的。唯一的理由，就是我是她的女儿。

疲倦的母亲

许地山

/ 导读赏析 /

故事虽然平淡，寓意却发人深省，在作家笔下，车上的旅客们疲倦且劳累，母亲尤为显著，结合作家当时的写作背景来看，我们的祖国母亲彼时灾难深重，已沦为半封建半殖民地国家，国无宁日，民不聊生，不在沉默中爆发，就在沉默中灭亡。

那边一个孩子靠近车窗坐着，远山，近水，一幅一幅，次第嵌入窗户，射到他的眼中。他手画着，口中还咿咿呀呀地唱些没字曲。

在他身边坐着一个中年妇人，低着头瞌睡。孩子转过脸来，摇了她几下，说：“妈妈，你看看，外面那座山很像我家门前的呢。”

母亲举起头来，把眼略睁一睁，没有出声，又支着颐睡去。

过一会儿，孩子又摇她，说：“妈妈，不要睡吧，看睡出病来了。你且睁一睁眼看看外面八哥和牛打架呢。”

母亲把眼略略睁开，轻轻打了孩子一下，没有作声，支着头又睡去。

孩子鼓着腮，很不高兴。但过一会儿，他又唱起来了。

“妈妈，听我唱歌吧。”孩子对着她说了，又摇她几下。

母亲带着不喜欢的样子说：“你闹什么？我都见过，都听过，都知道了；你不知道我很疲乏，不容我歇一下么？”

孩子说：“我们是一起出来的，怎么我还顶精神，你就疲乏起来？难道大人不如孩子么？”

车还在深林平畴之间穿行着。车中的人，除那孩子和一两个旅客以外，少有不像他母亲那么酣睡的。

小试牛刀

1. 结合文章，请解释“次第”的意思。

____

____

2. 这篇文章在描述上运用了什么表现手法？（　　）

A.象征　　B.联想　　C.借代　　D.对照

答案：
1. 一个接一个。
2. A

梦里依稀慈母泪
（节选）

秦　牧

/ 作者简介 /

秦牧 / 1919—1992

原名林觉夫。中国散文界有“南秦北杨”之说，文学活动涉及很多领域，主要有散文、小说、诗歌、儿童文学和文学理论等。

我的生母叫做吴琼英，三母叫做余瑞瑜。这自然都是后来起的名字，她们做丫头时的名字，生母叫做“莲香”，三母叫做“绿霞”。因此，我从小听到的关于丫头生活的故事特别多，她们告诉我，有些丫头被养主鞭打，每天早上到河边洗衣的时候，常常各自揭开衣袖裤管，彼此出示伤痕。有的丫头由于吃不饱，竟偷生米，捉盐蛇吃。有的丫头晚上给“老奶奶”“少奶奶”捶腰的时候，由于太疲倦了，打着瞌睡，竟给那些老奶奶、少奶奶一脚踢下床来。我的三母亲告诉我，有一户人家，一个少爷为了寻开心，晚上特意支使一个丫头上镇买东西，他自己则扮神扮鬼，装成活无常的样子，头上戴着高帽，脖子上挂着冥镪，还画黑了脸，躲在暗处，当丫头走进暗巷的时候，他大喝一声闯了出来，竟把那个丫头吓得瘫倒在地，最后不治身死。

但是，我的这两个母亲很少谈及自己的婢女生涯。上面提到的那些事情，大抵是她们的同伴或者附近人家的。不过，她们自己的生涯，不待说，也是相当凄苦的。

读者们大概会这样想：我在这里记叙的主要是我的生母的事迹，但实际不然，我虽则也会谈谈我的生母，但主要部分却是谈我的三母。她给我的印象，比生母给我的还要深。

我的这两位母亲，由于少年时代都曾经度过艰难竭蹶的生活，长成后健康都很差。我的生身母亲吴琼英患有肺病，在我八九岁的时候就逝世了。她生前，对待儿女十分严格，操持家务井井有条。她常常把少年时代的悲苦生活告诉我们兄弟姊妹，要我们立志向上，同情穷人。她长期受疾病的折磨，曾有一个夜里企图悬梁自尽，解除痛苦，被我的弟弟发现，弟弟号叫起来，全家人都惊醒了，她这才被父亲从绳套里救了下来。但是不久她就因病重逝世了。我们兄弟姊妹围着她的遗体哭泣，她的眼角竟然渗出了泪水，这事情给我们的印象当然非常深刻。当时我完全不能理解这是什么原因，到了长大以后，我才知道人刚刚死亡的时候，并不是全身的器官同时死亡，有的器官还保持着一定的机能，所以一个人刚咽气的时候，并非任何器官对外界的影响都毫无反应。

生身的母亲死后，三母亲就从乡间远涉重洋前来照顾我们了（原本和大母亲一同住在乡下）。此前，我的生母在世的时候，她也曾经到新加坡来小住过，相处也还融洽，我们都认识她。按当时的习俗，我们叫她“三姐”。因为照封建社会的规矩，儿女们对父亲的妾侍，丫头出身的母亲只称为“姐”（生母例外）。这规矩，到了多年以后，我们才不管三七二十一，把它破除了，改口称她为“三姨”。但是，直到如今，我的叔伯兄弟提起她时仍然称呼为“三姐”，这样的称呼使我异常厌恶。似乎一个女人只要是丫头出身的，一辈子都要低人三分。

三姨自己没有生儿育女，而我的生母却养下了七个男女。当她来到新加坡我们这个海外的家，照料我们的时候，她才三十多岁，照现在的标准来说，还是个“女青年”呢！但是她已经要挑起教养七个不是自己所生的孩子的责任了。

她的身子一直都很瘦弱，体重从来没有超过一百斤。而且，她又有昏眩病，每当发作起来，就脸色铁青，咬紧牙关，不省人事。要旁人撬开她的嘴巴，灌下药去，才逐渐苏醒。但是在她能够下床走动的时候，就总是很勤劳地操持家务。她，一个婢女出身的人，当然没有受过什么学校以至私塾的教育，然而依靠自己随处留心，居然也认识一些字，可以看懂普遍的书信和便条，只是不能书写而已。

我小的时候异常顽皮，是兄弟姊妹中受父母惩罚最多的一个。在学校被老师打，回到家里被父母打，因此常常遍体鳞伤，鞭痕像大蚯蚓似的遍布在小腿大腿上。这些鞭痕，有些是三姨给我的，但是她打我厉害的程度，并没有超过我的生身母亲。由于我比较倔强和调皮的缘故，有时她打我，我也打她，（那时我大概十岁的样子）两个人像走马灯团团转地扭打着。照一般人的看法，这样的非亲生的母子关系，以后发展下去一定很糟糕了。但是事实不然，到我长大以后，我们母子关系是相当好的，原因是：三姨既有严格的一面，也有慈爱的一面。例如，当事过境迁以后，她有时就噙着泪水给我的伤口涂药。即使是小孩子，对于大人的善意或者恶意，也是常常有很好的判断力的。在当时，她可能认为“打”是最好的教育方法之一了。

在这么一个家庭里，管这么一大群孩子，真不是一件简单的事。我的大哥患肺病，常常需要煎药照料。我的小妹妹由于是在我母亲病重时产下的，先天不足，孱弱爱哭，三姨在她身上特别花费了巨大的心力。我的小妹妹后来和她的感情极好。

我的父亲是一个豪迈好学的商人，足迹踏遍南洋各地。到过好些国家，很爱读书。但是他酗酒成性，每当酒醉后回家，常常大吵大闹。有时也对三姨乱发脾气，这样的场面出现了多次。在这种场合，我们总是把同情放在三姨一边。一个人在小时候的境遇，对他以后一生的发展的确很有关系，由于对父亲酗酒的反感，我长大以后，竟成为一个不会喝酒的人，一杯白酒就足以使我醉倒。

当父亲破了产之后，我们的日子就很不好过了。不久他摒挡一切回国，除大哥在一间酒店工作，大姊已经出嫁，留在新加坡外，我们都被带回“唐山”乡下。这时我们家境大不如前，我念书的学费，有的是三姨拿出她的私蓄来供应的。事情隔了几十年，有些场面我还记得很清楚，那就是：每当夜读时，她拭亮了灯筒，为我点火的场面；我上床之后，她用蚊灯细细照蚊子的场面；以及她从柜子里取出一些小小的金饰，瘦弱的手拿着厘秤，称着重量，给我作为学费的情景。

那时我们的家境很困难，她拿出这些仅有的微小金饰，是大不容易的。她常常织网换取微薄的收入，补充生活。织网所得异常微小，大概是一千网眼才三两个铜板吧。网店在这宗生意上进行了惊人的剥削。夜里，每当我在灯下读书的时候，听到三姨一针一针织网的声音，常有一种心碎的感情。

有一次，我患上严重的皮肤病，手上、腿上，生了许多疥疮。三姨耐心地为我洗涤、涂药。那时，我虽然只是十三四岁的少年，也很过意不去。心想“将来我长大了，一定要很好报答她”。

少年时代的心愿，到我长大以后，总算在若干程度上实现了。抗战期间颠沛流离，经常穷困不堪，和家乡的通信联系也断绝了，那段时间除外；抗战胜利以后，我几乎有三十年的时间，每月拿到工资，第一件事就是给三姨汇寄生活费，并曾专程好几次回家探望她。1971年那一次，我在九死一生之后，回乡看她。离别时我在巷里走了几十步，看到她不在大门旁，又折回家里看她一次，见到她为伤别之情所折磨，哭倒在床上。我想到这可能是最后一面，平时极少哭泣的我，眼眶也发热了。过了几年，她终于逝世，我为此悒悒郁郁地过了好些日子。

三姨给我的印象，比生母给我的还要深得多。解放前，她知道我和革命生活多少有些关系，并没有阻拦我，只是叮嘱我要小心而已。

“精诚所至，金石为开。”不是亲生，也可以建立起真挚的母子之情的。我们这一家，也是一个例子。

现在，和睦亲爱的家庭很多。但是，吵吵闹闹，几无宁日的家庭也不是很少。有些人对于同处一个家庭的非亲生孩子，即配偶以前和别人所生的子女，一点爱心都没有，以至于水火不能相容。有些人对于继母继父，也视同仇敌。更有些人，被极端个人主义所支配和腐蚀，连对自己的生身父母，也冷冷淡淡，甚至横加虐待。每当看到这些事情时，我就感触很多，甚至十分愤慨。我写出上面这些事情，不仅是抒发我个人缅念三姨之情，同时，也想让人们知道，不是血缘关系的父母和子女之间，也是可以建立起深厚的感情的。

爱是生活中的暖流，我们的生活不能缺乏爱。但是一个人要得到别人真正的爱，首先要懂得怎样去爱人。社会主义的精神文明，比这个又有更高更高的要求了。

母亲的时钟

鲁　彦

/ 作者简介 /

鲁彦 / 1901—1944

原名王燮臣，著名乡土小说家、翻译家。细腻、朴素、自然，是鲁彦作品艺术风格的主要表现。

二十几年前，父亲从外面带了一架时钟给母亲；一尺多高，上圆下方，黑紫色的木框，厚玻璃面，白底黑字的计时盘，盘的中央和边缘镶着金漆的圆圈，底下垂着金漆的钟摆，钉着金漆的铃子，铃子后面的木框上贴着彩色的图画——是一架堂皇而且美丽的时钟。那时这样的时钟在乡里很不容易见到；不但我和姊姊觉得稀奇，就连母亲也特别喜欢它。

她最先把那时钟摆在床头的小橱上，只允许我们远望，不许我们走近去玩弄。我们爱看那钟摆的晃摇和长针的移动，常常望着望着忘记了读书和绣花。于是母亲搬了一个座位，用她的身子挡住了我们的视线，说：

“这是听的，不是看的呀！等一会儿又要敲了，你们知道呆看了多少时候吗？”

我们喜欢听时钟的敲声，常常问母亲：“还不敲吗，妈？你叫它早点敲吧！”但是母亲望了一望我们的书本和花绷，冷淡地回答说：“到了时候，它自己会敲的。”

钟摆不但自己会动，还会嘚嘚地响下去，我们常常低低地念着它的次数；但母亲一看见我们嘴唇的嗡动，就生起气来。

“你们发疯了！它一天到晚响着，你们一天到晚不做事情吗？我把它停了，或是把它送给人家去，免得害你们吧！……”

但她虽然这样说，却并没把它停下，也没把它送给人家。她自己也常常去看那钟点，天天把它揩得干干净净。

“走路轻一点！不准跳！”她几次对我们说，“震动得厉害，它会停止的。”

真的，母亲自从有了这架时钟以后，她自己的举动更加轻声了。她到小橱上去拿别的东西的时候，几乎忍住了呼吸。

这架时钟开足后可以走上一个星期。不知母亲是怎样记得的。每次总在第七天的早晨不待它停止，就去开足了发条。和时钟一道，父亲带回家来的，还有一个小小的日晷。一遇到天气好太阳大，母亲就在将到正午的时候，把它放在后院子的水缸盖上。她不会看别的时候，只知道等待那红线的影子直了，就把时钟纠正为十二点。随后她收了那日晷，把它放在时钟的玻璃门内。我们也喜欢那日晷，因为它里面有一颗指南针，跳动得怪好看。但母亲连这个也不许我们玩弄。

“不是玩的！”她说，“太阳立刻就下山了，还不赶快做你们的事吗？……”

这在我们简直是件苦恼的事情。自从有了时钟以后，母亲对我们的监督愈加严了。她什么事情都要按着时候，甚至是早起，晚睡和三餐的时间。

冬天的日子特别短，天亮得迟黑得早。母亲虽然把我们睡眠的时间略略改动了些，但她自己总是照着平时的时间。大冷天，天还未亮，她就起来了。她把早饭煮好，房子收拾干净，拿着火炉来给我们烘衣服，催我们起床的时候，天才发亮，而我们也正睡得舒服，怕从被窝里钻出来。

“立刻要开饭了，不起来没有饭吃！”

她说完话就去预备碗筷。等我们穿好衣服，脸未洗完，她已经把饭菜摆在桌上。倘若我们不起来，她是决不等待我们的，从此要一直饿到中午，而且她半天也不理睬我们。

每次当她对我们说几点钟的时候，我们几乎都起了恐惧，因为她把我们的一切都用时间来限制，不准我们拖延。我们本来喜欢那架时钟的，以后却渐渐对它憎恶起来了。

“停了也好，坏了也好！”我们常常私自说。

但是它从来不停，也从来不坏。而且过了两三年，我们家里又加了一架时钟了。

那是我们阴配的嫂嫂的嫁妆。它比母亲的一架更时新，更美观，声音也更好听。它不用铃子，用的钢条圈，敲起来声音洪亮而且余音不绝。

我们喜欢这一架，因为它还有一个特点：比母亲的一架走得慢，常常走不到一星期就停了下来。

但母亲却喜欢旧的一架。她把新的放在门边的琴桌上，把揩抹和开发条的事情派给了姊姊。她屡次看时刻都走到自己的床边望那架旧的。

“你喜欢这一架，”母亲对姊姊说，“将来就给你做嫁妆吧。当然，这一架样子新，也值钱些。”

我想姊姊当时听了这话应该是高兴的。但我心里却很不快活。我不希望母亲永久有一架那样准确而耐用的时钟。

那时钟，到后来几乎代替了母亲的命令了。母亲不说话，它也就下起命令来。我们正睡得熟，它叮叮地叫着逼迫我们起床了；我们正玩得高兴，它叮叮地叫着，逼迫我们睡觉了；我们肚子不饿，它却叫我们吃饭；肚子饿了，它又不叫我们吃饭……

我们喜欢的是要快就快，要慢就慢，要走就走，要停就停的时钟。

姊姊虽然有幸，将得到一架那样的时钟，但在出嫁前两三个月，母亲忽然要把它修理了。

“好看只管好看，乱时辰是不行的，”她对姊姊说，“你去做媳妇，比不得在家里做女儿，可以糊里糊涂，自由自在呀。”

不知怎样，她竟打听出来了一个会修时钟的人，把他从远处请到家里，将那架新的拆开来，加了油，旋紧了某一个螺丝钉，弄了大半天。母亲请他吃了一顿饭，还用船送他回去。

于是姊姊的那架时钟果然非常准确了，几乎和母亲的一模一样。这在她是祸是福，我不知道。只记得她以后不再埋怨时钟，而且每次回到家里来，常常替代母亲把那架旧的用日晷来对准；同时她也已变得和母亲一样，一切都按照着一定的时间了。

我呢，自从第一次离开故乡后，也就认识了时钟的价值，知道了它对于人生的重大的意义，早已把憎恶它的心思一变而为喜爱的了。因为大的时钟不合用，我曾经买过许多挂表，既便于携带，式样又美观，价钱又便宜。

我记得第一次回家随身带着的是一只新出的夜明表，喜欢得连半夜醒来也要把它从枕头下拿来观看一番的。

“你看吧，妈，我这只表比你那架旧钟有用得多了，”我说着把它放在母亲的衣下，“黑角里也看得见，半夜里也看得见呢！”

但是母亲却并不喜欢。她冷淡地回答说：“好玩罢了，并且是哑的。要看谁走得准、走得久呀。”

我本来是不喜欢那架旧钟的，现在给她这么一说，我愈加发现它的缺点了：式样既古旧，携带又不便利，而且摆置得不平稳或者稍受震动就会停止；到了夜里，睡得正甜蜜的时候，有时它叮叮敲着把人惊醒了过来，反之，醒着想知道是什么时候，却须静候到一个钟头才能听到它的报告。然而母亲却看不起我的新置的完美的挂表，重视着那架不合用的旧钟。这真使我对它产生更不快的感觉。

幸而母亲对我的态度却改变了。她现在像把我当做了客人似的，每天早晨并不催我起床，也并不自己先吃饭，总是等待着我，一直到饭菜冷了再热过一遍。她自己是仍按着时间早起，按着时间煮饭的，但她不再命令我依从她了。

“总要早起早睡。”她偶然也在无意中提醒我，而态度却是和婉的。

然而我始终不能依从她的愿望。我的习惯一年比一年坏了：起来得愈迟，睡得也愈迟，一切事情都漫无定时。我先后买过许多表，的确都是不准确的，也不耐久的；到后来，索性连这一类表也没用处了。

但母亲却依然保留着她那架旧钟：屋子被火烧掉了，她抢出了那架旧钟，几次移居到上海，她都带着那架旧钟。

“给你买一架新的吧，不必带到上海去。”我说。母亲摇一摇头：

“你们用新的吧，我还是要这架用惯了的。”

到了上海，她首先拿出那架旧钟来，摆在自己的房里，仍是自己管理它。它和海关的钟差不多准确，也不需要修理添油。只是外面的样子渐渐老了：白底黑字的计时盘这里那里起了斑疤，金漆也一块块地剥落了。

至于母亲，自从父亲去世后也就得了病，愈加老得快，消瘦下来，没有精力做事情。

“吃现成饭了，”她说，“一切由你们吧。”

她把家里的事情全交给了我和妻，常常躺在床上睡觉。

但是她早起的习惯没有改。天才一亮，她就起床了。她很容易饿，我们吃饭的时间就不得不和她分了开来。常常我们才吃过早饭，她就要吃中饭。她起初也等待我们，劝我们，日子久了，她知道没办法，便径自先吃了。

“一天到晚，只看见开饭，”她不高兴的时候说，“我还是住在乡下好，这里看不惯！”

真的，她现在不常埋怨我们，可是一切都使她看不惯，她说要住到乡下去，立刻就要走的，怎样也留她不住。

“乡下冷清清的没有亲人。”我说。

“住惯了的。”

“把你顶喜欢的子孙带去吧。”

但是她不要。她只带着她那架旧钟回去。第二次再来上海时，仍带着那架旧钟。第三次，第四次……都是一样。

去年秋季，母亲最后一次离开了她所深爱的故乡。她自知身体衰弱到了极度，临行前对人家说：

“我怕不能再回来了。上海过老，也好的，全家在眼前……”

这一次她的行李很简单：一箱子的寿衣、一架时钟。到得上海，她又把那时钟放在她自己的房里。

果然从那时起，她起床的时候愈加少了，几乎一天到晚都躺在床上，而且不常醒来。只有天亮和三餐的时间，她还是按时的醒了过来。天气渐渐冷下来，母亲的病也渐渐沉重起来，不能再按时去开那架时钟，于是管理它的责任便到了我们的手里。但我们没有这习惯，常常忘记去开它，等到母亲说了几次钟停了，我们才去开足它的发条，而又因为没有别的时钟，常常无法纠正它，使它准确。

“要在一定时候开它，”母亲告诉我们说，“停久了，就会坏的，你们且搬它到自己的房里去吧，时时看见它就不会忘记了。”

我们依从母亲的话，便把她的时钟搬到了楼上房间里。几个月来，它也很少停止，因为一听到它的敲声缓慢无力，我们便预先去开足了发条。

但是在母亲去世前的一个月里，我们忽然发现母亲的时钟异样了：明明是才开足二三天，敲声也急促有力，却在我们不注意中停止了。我们起初怀疑没放得平稳，随后以为是孩子们奔跳所震动，可是都不能证实。

不久，姊姊从故乡来了。她听到时钟的变化，便失了色，绝望地摇一摇头，说："妈的病不会好了，这是个不吉利的预兆……"

"迷信！"我立刻截断了她的话。

过了几天，我忽然发现时钟又停止了。是在夜里三点钟。早晨我到楼下去看母亲，听见她说话的声音特别低了，问她话老是无力回答。到了下半天，我们都在她床边侍候着，她昏昏沉沉地睡着，很少醒来。我们喊了许久，问她要不要喝水，她微微摇一摇头，非常低声地说："不要喊我……"

我们知道她醒来后是感到身体的痛苦的，也就依从着她的话，让她安睡着。这样一直到深夜，我们看见她低声哼着，想转身却转不过来，便喂了她一点点汤水，问她怎样。

"比上半夜难过……"她低声回答我们。

我觉得奇怪，怀疑她昏迷了。我想，现在不就是上半夜吗，她怎么当做了下半夜呢？我连忙走到楼上，却又不禁惊讶起来：

原来母亲的时钟已经过了一点钟了。

我不明白，母亲是怎样听见楼上的钟声的。楼下的房子既高，楼板又有二层。自从她的时钟搬到楼上后，她曾好几次问过我们钟点。前后左右的房子空的很多，贴邻的一家，平常又没听见有钟声。附近又没有报时的鸡啼。这一夜母亲的房子里又相当不静寂，姊姊在念经、女工在吹折锡箔，间而夹杂着我们的低语声、走动声。母亲怎样知道现在到了下半夜呢？

是母亲没有忘记时钟吗？是时钟永久跟随着母亲呢？我想问母亲，但是母亲不再说话了。一点多钟以后她闭上了眼睛，正是头一天时钟自动地静默下来的那个时候。

失却了一位这样的主人，那架古旧的时钟怕是早已感觉到存在的悲苦了吧？唉……

我的母亲

老　舍

/ 导读赏析 /

老舍先生自幼丧父，由母亲独自带大，和母亲有着无比深厚的感情。他在文中说，母亲给他的是“生命的教育”，成为他一生汲取不尽的生命源泉。这样一位在苦难中始终保持传统美德的伟大母亲形象，正是中华民族优良品格的真实缩影。

母亲的娘家是北平德胜门外，土城儿外边，通大钟寺的大路上的一个小村里。村里一共有四五家人家，都姓马。大家都种点不十分肥美的地，但是与我同辈的兄弟们，也有当兵的，作木匠的，作泥水匠的，和当巡察的。他们虽然是农家，却养不起牛马，人手不够的时候，妇女便也须下地作活。

对于姥姥家，我只知道上述的一点。外公外婆是什么样子，我就不知道了，因为他们早已去世。至于更远的族系与家史，就更不晓得了；穷人只能顾眼前的衣食，没有功夫谈论什么过去的光荣；“家谱”这字眼，我在幼年就根本没有听说过。

母亲生在农家，所以勤俭诚实，身体也好。这一点事实却极重要，因为假若我没有这样的一位母亲，我以为我恐怕也就要大大的打个折扣了。

母亲出嫁大概是很早，因为我的大姐现在已是六十多岁的老太婆，而我的大外甥女还长我一岁啊。我有三个哥哥，四个姐姐，但能长大成人的，只有大姐，二姐，三姐，三哥与我。我是“老”儿子。生我的时候，母亲已有四十一岁，大姐二姐已都出了阁。

由大姐与二姐所嫁入的家庭来推断，在我生下之前，我的家里，大概还马马虎虎的过得去。那时候定婚讲究门当户对，而大姐丈是作小官的，二姐丈也开过一间酒馆，他们都是相当体面的人。

可是，我，我给家庭带来了不幸：我生下来，母亲晕过去半夜，才睁眼看见她的老儿子——感谢大姐，把我揣在怀中，致未冻死。

一岁半，我把父亲“克”死了。

兄不到十岁，三姐十二三岁，我才一岁半，全仗母亲独力抚养了。父亲的寡姐跟我们一块儿住，她吸鸦片，她喜摸纸牌，她的脾气极坏。为我们的衣食，母亲要给人家洗衣服，缝补或裁缝衣裳。在我的记忆中，她的手终年是鲜红微肿的。白天，她洗衣服，洗一两大绿瓦盆。她作事永远丝毫也不敷衍，就是屠户们送来的黑如铁的布袜，她也给洗得雪白。晚间，她与三姐抱着一盏油灯，还要缝补衣服，一直到半夜。她终年没有休息，可是在忙碌中她还把院子屋中收拾得清清爽爽。桌椅都是旧的，柜门的铜活久已残缺不全，可是她的手老使破桌面上没有尘土，残破的铜活发着光。院中，父亲遗留下的几盆石榴与夹竹桃，永远会得到应有的浇灌与爱护，年年夏天开许多花。

哥哥似乎没有同我玩耍过。有时候，他去读书；有时候，他去学徒；有时候，他也去卖花生或樱桃之类的小东西。母亲含着泪把他送走，不到两天，又含着泪接他回来。我不明白这都是什么事，而只觉得与他很生疏。与母亲相依为命的是我与三姐。因此，她们作事，我老在后面跟着。她们浇花，我也张罗着取水；她们扫地，我就撮土……从这里，我学得了爱花，爱清洁，守秩序。这些习惯至今还被我保存着。

有客人来，无论手中怎么窘，母亲也要设法弄一点东西去款待。舅父与表哥们往往是自己掏钱买酒肉食，这使她脸上羞得飞红，可是殷勤的给他们温酒作面，又给她一些喜悦。遇上亲友家中有喜丧事，母亲必把大褂洗得干干净净，亲自去贺吊——份礼也许只是两吊小钱。到如今如我的好客的习性，还未全改，尽管生活是这么清苦，因为自幼儿看惯了的事情是不易改掉的。

姑母常闹脾气。她单在鸡蛋里找骨头。她是我家中的阎王。直到我入了中学，她才死去，我可是没有看见母亲反抗过。“没受过婆婆的气，还不受大姑子的吗？命当如此！”母亲在非解释一下不足以平服别人的时候，才这样说。是的，命当如此。母亲活到老，穷到老，辛苦到老，全是命当如此。她最会吃亏。给亲友邻居帮忙，她总跑在前面：她会给婴儿洗三——穷朋友们可以因此少花一笔“请姥姥”钱——她会刮痧，她会给孩子们剃头，她会给少妇们绞脸……凡是她能作的，都有求必应。但是吵嘴打架，永远没有她。她宁吃亏，不逗气。当姑母死去的时候，母亲似乎把一世的委屈都哭了出来，一直哭到坟地。不知道哪里来的一位侄子，声称有承继权，母亲便一声不响，教他搬走那些破桌子烂板凳，而且把姑母养的一只肥母鸡也送给他。

可是，母亲并不软弱。父亲死在庚子闹“拳”的那一年。联军入城，挨家搜索财物鸡鸭，我们被搜两次。母亲拉着哥哥与三姐坐在墙根，等着“鬼子”进门，街门是开着的。“鬼子”进门，一刺刀先把老黄狗刺死，而后入室搜索。他们走后，母亲把破衣箱搬起，才发现了我。假若箱子不空，我早就被压死了。皇上跑了，丈夫死了，鬼子来了，满城是血光火焰，可是母亲不怕，她要在刺刀下，饥荒中，保护着儿女。北平有多少变乱啊，有时候兵变了，街市整条地烧起，火团落在我们院中。有时候内战了，城门紧闭，铺店关门，昼夜响着枪炮。这惊恐，这紧张，再加上一家饮食的筹划，儿女安全的顾虑，岂是一个软弱的老寡妇所能受得起的？可是，在这种时候，母亲的心横起来，她不慌不哭，要从无办法中想出办法来。她的泪会往心中落！这点软而硬的个性，也传给了我。我对一切人与事，都取和平的态度，把吃亏看作当然的。但是，在作人上，我有一定的宗旨与基本的法则，什么事都可将就，而不能超过自己划好的界限。我怕见生人，怕办杂事，怕出头露面；但是到了非我去不可的时候，我便不得不去，正像我的母亲。从私塾到小学，到中学，我经历过起码有廿位教师吧，其中有给我很大影响的，也有毫无影响的，但是我的真正的教师，把性格传给我的，是我的母亲。母亲并不识字，她给我的是生命的教育。

当我在小学毕了业的时候，亲友一致的愿意我去学手艺，好帮助母亲。我晓得我应当去找饭吃，以减轻母亲的勤劳困苦。可是，我也愿意升学。我偷偷地考入了师范学校——制服，饭食，书籍，宿处，都由学校供给。只有这样，我才敢对母亲提升学的话。入学，要交十元的保证金。这是一笔巨款！母亲作了半个月的难，把这巨款筹到，而后含泪把我送出门去。她不辞劳苦，只要儿子有出息。当我由师范毕业，而被派为小学校校长，母亲与我都一夜不曾合眼。我只说了句：“以后，您可以歇一歇了！”她的回答只有一串串的眼泪。我入学之后，三姐结了婚。母亲对儿女是都一样疼爱的，但是假若她也有点偏爱的话，她应当偏爱三姐，因为自父亲死后，家中一切的事情都是母亲和三姐共同撑持的。三姐是母亲的右手。但是母亲知道这右手必须割去，她不能为自己的便利而耽误了女儿的青春。当花轿来到我们的破门外的时候，母亲的手就和冰一样的凉，脸上没有血色——那是阴历四月，天气很暖。大家都怕她晕过去。可是，她挣扎着，咬着嘴唇，手扶着门框，看花轿徐徐地走去。不久，姑母死了。三姐已出嫁，哥哥不在家，我又住学校，家中只剩母亲自己。她还须自晓至晚地操作，可是终日没人和她说一句话。新年到了，正赶上政府倡用阳历，不许过旧年。除夕，我请了两小时的假。由拥挤不堪的街市回到清炉冷灶的家中。母亲笑了。及至听说我还须回校，她愣住了。半天，她才叹出一口气来。到我该走的时候，她递给我一些花生，“去吧，小子！”街上是那么热闹，我却什么也没看见，泪遮迷了我的眼。今天，泪又遮住了我的眼，又想起当日孤独地过那凄惨的除夕的慈母。可是慈母不会再候盼着我了，她已入了土！

儿女的生命是不依顺着父母所设下的轨道一直前进的，所以老人总免不了伤心。我廿三岁，母亲要我结了婚，我不要。我请来三姐给我说情，老母含泪点了头。我爱母亲，但是我给了她最大的打击。时代使我成为逆子。廿七岁，我上了英国。为了自己，我给六十多岁的老母以第二次打击。在她七十大寿的那一天，我还远在异域。那天，据姐姐们后来告诉我，老太太只喝了两口酒，很早的便睡下。她想念她的幼子，而不便说出来。

七七事变后，我由济南逃出来。北平又像庚子那年似的被鬼子占据了，可是母亲日夜惦念的幼子却跑西南来。母亲怎样想念我，我可以想象得到，可是我不能回去。每逢接到家信，我总不敢马上拆看，我怕，怕，怕，怕有那不祥的消息。人，即使活到八九十岁，有母亲便可以多少还有点孩子气。失了慈母便像花插在瓶子里，虽然还有色有香，却失去了根。有母亲的人，心里是安定的。我怕，怕，怕家信中带来不好的消息，告诉我已是失了根的花草。

去年一年，我在家信中找不到关于老母的起居情况。我疑虑，害怕。我想象得到，如有不幸，家中念我流亡孤苦，或不忍相告。母亲的生日是在九月，我在八月半写去祝寿的信，算计着会在寿日之前到达。信中嘱咐千万把寿日的详情写来，使我不再疑虑。十二月二十六日，我接到家信。我不敢拆读。就寝前，我拆开信，母亲已去世一年了！

生命是母亲给我的。我之能长大成人，是母亲的血汗灌养的。我之所以能成为一个不十分坏的人，是母亲感化的。我的性格，习惯，是母亲传给的。她一世未曾享过一天福，临死还吃的是粗粮。唉！还说什么呢？心痛！心痛！

合欢树

史铁生

/ 作者简介 /

史铁生 / 1951—2010

中国作家、散文家。有《史铁生全集》出版，分为各类小说、散文随笔、剧本诗歌、书信、访谈等12卷。

十岁那年，我在一次作文比赛中得了第一。母亲那时候还年轻，急着跟我说她自己，说她小时候的作文作得还要好，老师甚至不相信那么好的文章会是她写的。“老师找到家来问，是不是家里的大人帮了忙。我那时可能还不到十岁呢。”我听得扫兴，故意笑：“可能？什么叫可能还不到？”她就解释。我装作根本不再注意她的话，对着墙打乒乓球，把她气得够呛。不过我承认她聪明，承认她是世界上长得最好看的女的。她正给自己做一条蓝地白花的裙子。

二十岁，我的两条腿残废了。除去给人家画彩蛋，我想我还应该再干点别的事，先后改变了几次主意，最后想学写作。母亲那时已不年轻，为了我的腿，她头上开始有了白发。医院已经明确表示，我的病目前没办法治。母亲的全副心思却还放在给我治病上，到处找大夫，打听偏方，花很多钱。她倒总能找来些稀奇古怪的药，让我吃，让我喝，或者是洗、敷、熏、灸。“别浪费时间啦！根本没用！”我说，我一心只想着写小说，仿佛那东西能把残废人救出困境。“再试一回，不试你怎么知道会没用？”她说，每一回都虔诚地抱着希望。然而对我的腿，有多少回希望就有多少回失望，最后一回，我的胯上被熏成烫伤。医院的大夫说，这实在太悬了，对于瘫痪病人，这差不多是要命的事。我倒没太害怕，心想死了也好，死了倒痛快。母亲惊惶了几个月，昼夜守着我，一换药就说：“怎么会烫了呢？我还直留神呀！”幸亏伤口好起来，不然她非疯了不可。

后来她发现我在写小说。她跟我说：“那就好好写吧。”我听出来，她对治好我的腿也终于绝望。“我年轻的时候也最喜欢文学。”她说。“跟你现在差不多大的时候，我也想过搞写作。”她说。“你小时候的作文不是得过第一？”她提醒我说。我们俩都尽力把我的腿忘掉。她到处去给我借书，顶着雨或冒了雪推我去看电影，像过去给我找大夫，打听偏方那样，抱了希望。

三十岁时，我的第一篇小说发表了。母亲却已不在人世，过了几年，我的另一篇小说又侥幸获奖，母亲已经离开我整整七年。

获奖之后，登门采访的记者就多，大家都好心好意，认为我不容易。但是我只准备了一套话，说来说去就觉得心烦。我摇着车躲出去，坐在小公园安静的树林里，想：“老天爷为什么早早地召母亲回去呢？”迷迷糊糊的，我听见回答：“她心里太苦了。老天爷看她受不住了，就召她回去。”我的心得到一点安慰，睁开眼睛，看见风正在树林里吹过。

我摇车离开那儿，在街上瞎逛，不想回家。

母亲去世后，我们搬了家。我很少再到母亲住过的那个小院儿去。

小院儿在一个大院儿的尽里头，我偶尔摇车到大院儿去坐坐，但不愿意去那个小院儿，推说手摇车进去不方便。院儿里的老太太们还都把我当儿孙看，尤其想到我又没了母亲，但都不说，光扯些闲话，怪我不常去。我坐在院子当中，喝东家的茶，吃西家的瓜。有一年，人们终于又提到母亲："到小院儿去看看吧，你妈种的那棵合欢树今年开花了！"我心里一阵抖，还是推说手摇车进出太不易。大伙就不再说，忙扯些别的，说起我们原来住的房子里现在住了小两口，女的刚生了个儿子，孩子不哭不闹，光是瞪着眼睛看窗户上的树影儿。

我没料到那棵树还活着。那年，母亲到劳动局去给我找工作，回来时在路边挖了一棵刚出土的"含羞草"，以为是含羞草，种在花盆里长，竟是一棵合欢树。母亲从来喜欢那些东西，但当时心思全在别处。第二年合欢树没有发芽，母亲叹息了一回，还不舍得扔掉，依然让它长在瓦盆里。第三年，合欢树却又长出叶子，而且茂盛了。母亲高兴了很多天，以为那是个好兆头，常去侍弄它，不敢再大意。又过一年，她把合欢树移出盆，栽在窗前的地上，有时念叨，不知道这种树几年才开花。再过一年，我们搬了家。悲痛弄得我们都把那棵小树忘记了。

与其在街上瞎逛，我想，不如就去看看那棵树吧。我也想再看着母亲住过的那间房。我老记着，那儿还有个刚来到世上的孩子，不哭不闹，瞪着眼睛看树影儿。是那棵合欢树的影子吗？小院儿里只有那棵树。

院儿里的老太太们还是那么欢迎我，东屋倒茶，西屋点烟，送到我跟前。大伙都不知道我获奖的事，也许知道，但不觉得那很重要；还是都问我的腿，问我是否有了正式工作。这回，想摇车进小院儿真是不能了，家家门前的小厨房都扩大，过道窄到一个人推自行车进出也要侧身。我问起那棵合欢树。大伙说，年年都开花，长到房高了。这么说，我再看不见它了。我要是求人背我去看，倒也不是不行。我挺后悔前两年没有自己摇车进去看看。

我摇着车在街上慢慢走，不急着回家。人有时候只想独自静静地待一会。悲伤也成享受。

有一天那个孩子长大了，会想到童年的事，会想起那些晃动的树影儿，会想起他自己的妈妈，他会跑去看看那棵树。但他不会知道那棵树是谁种的，是怎么种的。

小试牛刀

1. 请为下面加点的字词加上拼音。

够呛（　　　　）　　瘫痪（　　　　）

锲而不舍（　　　）　　侥幸（　　　　）

2. 对课文内容，理解正确的一项是（　　）

A.我一直不喜欢合欢树，是因为母亲去世了，但它还活着。

B.我一直喜欢合欢树，因为它是母亲栽种的。

C.我一直喜欢合欢树，因为它有美丽的花。

D.我最悲痛的是母亲当初的希望都实现了，她却不在了。

答案：

1. qiàng　tān huàn　qiè　jiǎo xìng

2. D

我爱妈妈

徐 鲁

/ 导读赏析 /

孩子的启蒙来源于母亲，母亲的一言一行、一举一动都会影响孩子的思想观念。文中的母亲是一位农村妇女，竭尽所能教会了孩子善良和勤劳。羊有跪乳之恩，鸦有反哺之情，于是孩子也学会了对母亲的感恩与敬爱。

当我很小很小的时候，当我还没有进入村小学读书的时候，妈妈就是我的第一所学校，我的第一本书。我读着妈妈。

妈妈后来告诉过我：她第一次把我送到学校去念书的那一天，是她一生所记忆的日子中最幸福、最难忘的日子。是的，所有的妈妈一定都会记得，第一次把自己的孩子送去上学的那一天。

妈妈是我家里最辛苦的人。在村里，妈妈也用善良的心、勤劳的双手，赢得了长辈的夸赞和晚辈的尊敬。春种秋收，为了地里的庄稼，妈妈总是早出晚归，从来不让村里的人说闲话。农忙时节，妈妈的衣襟上会沾着泥土，头发上会落着麦芒与草屑，紫布衣服上汗湿得会泛起一层白碱……

不过，妈妈总是把我和小姐姐收拾得干干净净、利利索索。

妈妈说："我可不能让我的小石头穿得像个没有妈妈的野孩子一样。"

小时候，有许多的夜晚，当我从梦中醒来，总会看见妈妈还坐在深夜的灯光下，一针针，一线线，又剪又裁地忙个不停……我知道，那是辛劳的妈妈在为我缝补白天里踢破的鞋子，要不就是在为我和小姐姐赶做新的衣裳。

我记得，妈妈的手上，常常会磨出鲜红的血花……

那时候，家里的生活还很艰难。妈妈没有多余的钱给我买糖果。可是，如果见到了村里的孤苦老人和饥寒的孩子，妈妈总会尽力周济，就像对待自己的家人一样。即便是素不相识的过路人，妈妈也总是会热心相助，诚心实意。

我在外面捡过好多好多彩色的糖果纸。

我喜欢糖果纸上散发出的香甜的糖果味。

不过，我从来没让妈妈给我买过糖果。

太阳落山的时候，连小鸟都知道从野外飞回到村边的槐树林里去。那里有它们温暖的家，在那些密密的树杈上。

这时候，我和小姐姐也都会像归巢的小鸟一样，回到宁静、安全和温暖的妈妈身边。妈妈是我们最敬爱的人，也是我们最好的朋友。

每当这时候，妈妈还会给我们讲起她和爸爸年轻时的故事……

妈妈说，她那时候看上了爸爸，就因为他也是一个勤劳、善良的人。他们一起在家乡的土地上劳动和相爱。家乡的田野、山路和清亮的小河边，留下了他们心心相印的身影。

那时候，在妈妈的心中，一定浮现着最美丽的未来。

爸爸妈妈用辛劳的汗水，浇灌着他们的幸福之花。——不，他们也是在浇灌着属于我们的幸福之花。

我还记得，有许多个冬天的傍晚，妈妈站在晚星升起的村头上，呼唤我们回家加衣裳的情景：晚风吹起她的衣襟，吹乱了她的头发，但她的脸上充满了对我们疼爱的微笑与嗔怪……

在无数个安恬的梦里，当我喃喃地叫着“妈妈、妈妈”这甜蜜的名字，而妈妈又能够听见的时候，谁又比我更幸福呢？

那时候，我常常这样想：让我快快长大吧！等我长大了，就可以帮妈妈干活了，妈妈就不用再那么辛苦了，那时候，我们大家的日子，也都会好起来的。

……现在，我终于长大了。我们的日子，也真的是“好起来”了。可是，我的妈妈却变得那么苍老了！她的头发已经花白了！

我知道，今生今世，无论我走到哪里，无论命运还会把我抛向何方，妈妈都会永远与我同在。她将永远默默地站在我的背后，站在我的生命和灵魂最醒目的地方，时时刻刻注视着我，期待着我，并且以她的善良、勤劳和刚强，使我的生命透出对我正在从事的事业的全部热情、力量和信念。

我知道，所谓“母爱”，绝不仅仅是指妈妈对孩子的爱，也应该包含一个孩子对妈妈的感恩与敬爱。

年轻的母亲

［法国］保尔·瓦雷理

/ 作者简介 /

保尔·瓦雷理 / 1871—1945

法国象征派诗人和理论家。主要作品有《年轻的命运女神》《旧诗稿》《幻美集》等。

这一年中最佳季节的午后，像一只熟态毕露的橘子一样丰满。

全盛的园子，光，生命，慢慢地经过它们本性的完成期。我们简直说，一切的东西，从原始起，所作所为，无非是完成这个刹那的光辉而已。幸福像太阳一样看得见。

年轻的母亲从她手里小孩的面颊上闻出了她自己本质的最纯粹的气息。她拢紧他，为的是使他永远是她自己。

她抱紧她所成就的东西。她忘怀，她乐意耽溺，因为她仿佛重新发现了自己，重新找到了自己，从轻柔的接触这个鲜嫩醉人的肌肤上。她的素手徒然捏紧她所结成的果子，她觉得全然纯洁，觉得像一个圆满的处女。

她恍惚的目光抚摩树叶、花朵，以及世界的灿烂的全体。

她像一个哲人，像一个天然的贤人，找到了自己的理想，照自己所应该的完成了自己。

她怀疑宇宙的中心是否在她的心里，或在这颗小小的心里——这颗心正在她臂弯里跳动，将来也要来成就一切的生命。

（卞之琳　译）

小试牛刀

1. “这一年中最佳季节的午后，像一只熟态毕露的橘子一样丰满”运用了哪种修辞手法？请选出来（　　）

A.比喻　　B.夸张　　C.拟人

2. “全世界的母亲多么的相像！她们的心始终一样。每一个母亲都有一颗极为纯真的赤子之心。”这是哪位著名作家的名句？

____

答案：

1. A
2. 【美国】惠特曼

母亲的回忆
（节选）

［智利］加夫列拉·米斯特拉尔

/ 作者简介 /

加夫列拉·米斯特拉尔 / 1889—1957

智利著名女诗人，在西班牙语文学界享有很高声誉。1945年获诺贝尔文学奖，是第一位获得此奖的拉丁美洲作家。她14岁开始发表诗歌，其主要诗集有《绝望》《有刺的树》《葡萄压榨机》。

母亲，在你的腹腔深处，我的眼睛、嘴和双手无声无息地生长。你用自己那丰富的血液滋润我，像溪流浇灌风信子那藏在地下的根。我的感观都是你的，并且凭借着这种从你肌体上借来的东西在世界上流浪。大地所有的光辉——照射在我身上和交织在我心中的——都会把你赞颂。

母亲，在你的双膝上，我就像浓密枝头上的一颗果实，业已长大。你的双膝依然保留着我的体态，另一个儿子的到来，也没有让你将它抹去。你多么习惯摇晃我呀！当我在那数不清的道路上奔走时，你留在那儿，留在家的门廊里，似乎为感觉不到我的重量而忧伤。在《首席乐师》流传的近百首歌曲中，没有一种旋律会比你的摇椅的旋律更柔和的呀！母亲，我心中那些愉快的事情总是与你的手臂和双膝联在一起。

而你一边摆晃着一边唱歌，那些歌词不过是一些俏皮话，一种为了表示你的溺爱的语言。

在这些歌谣里，你为我唱到大地上的那些事物的名称：山，果实，村庄，田野上的动物。仿佛是为了让你的女儿在世界上定居，仿佛是向我列数家庭里的那些东西，多么奇特的家庭呀！在这个家庭里，人们已经接纳了我。

就这样，我渐渐熟悉了你那既严峻又温柔的世界：那些创造物的意味深长的名字，没有一个不是从你那里学来的。在你把那些美丽的名字教给我之后，老师们只有使用的份儿了。

母亲，你渐渐走近我，可以去采摘那些善意的东西而不至于伤害我：菜园里的一株薄荷，一块彩色的石子，而我就是在这些东西身上感受了那些创造物的情谊。你有时给我做、有时给我买一些玩具：一个眼睛像我的眼睛一样大的洋娃娃，一个很容易拆掉的小房子……不过那些没有生命的玩具，我根本就不喜欢。你不会忘记，对于我来说，最完美的东西是你的身体。

我戏弄你的头发，就像是戏弄光滑的水丝；抚弄你那圆圆的下巴、你的手指，我把你的手指辫起又拆开。对于你的女儿来说，你俯下的面孔就是这个世界的全部风景。我好奇地注视你那频频眨动的眼睛和你那绿色瞳孔里闪烁着的变幻的目光。母亲，在你不高兴的时候，经常出现在你脸上的表情是那么怪！

的确，我的整个世界就是你的脸庞、你的双颊，宛似蜜颜色的山岗，痛苦在你嘴角刻下的纹路，就像两道温柔的小山谷。注视着你的头，我便记住了那许多形态：在你的睫毛上，看到小草在颤抖，在你的脖子上，看到植物的根茎，当你向我弯下脖子时，便会皱出一道充满柔情的褶痕。

而当我学会牵着你的手走路时，紧贴着你，就像是你裙子上的一条摆动的裙皱，我们一起去熟悉的谷地。

第四辑

手心里的光

Chapter 4

篇章序

一生中，会有很多束光照进我们的日常，可能是一份真挚的友情，一句轻声的问候，一个热情的拥抱，甚至只是一个善意的微笑，不大引人注意，可就是这短暂的一瞬，让我们体验到了人间真情。珍惜现在，拥抱未来，哪怕仅有一丝光，也要紧握在手心。

真实的善良

梁晓声

/ 作者简介 /

梁晓声

当代著名作家，中国作家协会会员。曾创作出版过大量有影响的小说、散文、随笔及影视作品。中国现当代以知青文学成名的代表作家之一。

有一个时期，我因医牙，每日傍晚从北影后门行至前门，上跨街桥，到对面教育印刷厂的牙科诊所去。在那立交桥上，我几乎每次都看见一个残了双腿的双目失明的老头儿，卧在那儿伸手乞钱。其中有三次，看见一个老太婆，在给那老头儿钱，照例是10元钱和一塑料袋包子。过街桥上上下下人很多，不少人驻足望着那一情形，但是没有人掏出自己的钱包。有一天风大，见老太婆刚掏出的10元钱刮到了一个小伙子脚旁。他捡起，明知是谁的钱，却若无其事地往自己兜里一揣，扬长下了跨街桥。所有在场的人，都从桥上盯着他的背影看。我想他一定能认识到这一点的，所以没勇气回头也朝桥上的人们望。

老头儿问老太婆："好人，你想给我的钱，被风刮跑了吧？那也算给我了！我心受了！"老太婆说："是被风刮跑了，可已经有人替我捡回来了！给……"

我认识那老太婆。她从早到晚在离桥不远的地方卖茶叶蛋。我想她一天挣不了几个10元钱的。

于是，几乎每个驻足看着的人，都默默掏出自己的钱包。

那一天我没去牙科诊所，因为我也把钱给了那个老头儿。

后来那老头儿不知去向了。

而那老太婆仍在原地卖茶叶蛋。

有天我经过她跟前，不由自主停下脚步买她的茶叶蛋。我不迷信，可我似觉她脑后有光环闪耀。

我问她："您认识那老头儿？"

她摇摇头，反问我："可怜的老头儿，他上哪儿去了？"

我也只有摇头作为回答。

她长长叹了口气。我从中顿时感到一种真真实实的善良，仿佛从这卖茶叶蛋的老太婆心里作用到了我自己的心里。

清 贫

方志敏

/ 作者简介 /

方志敏 / 1899—1935

中国无产阶级革命家、政治家、军事家、杰出的农民运动领袖，土地革命战争时期闽浙（皖）赣革命根据地和红十军团的缔造者。

我从事革命斗争，已经10余年了。在这长期的奋斗中，我一向是过着朴素的生活，从没有奢侈过。经手的款项，总在数百万元；但为革命而筹集的金钱，是一点一滴都用之于革命事业的。这在国方（指国民党方面）的人来看，颇似奇迹，或认为夸张；而矜持不苟，舍己为公，却是每个共产党员具备的美德。所以，如果有人问我身边有没有一些积蓄，那我可以告诉你一桩趣事：

就在我被俘的那一天——一个最不幸的日子，有两个国方的兵士，在树林中发现了我，而且猜到我是什么人的时候，他们满肚子热望在我身上搜出一千或八百大洋，或者搜出一些金镯金戒指一类的东西，发个意外之财。哪知道从我上身摸到下身，从袄领捏到袜底，除了一只时表和一枝自来水笔之外，一个铜板都没有搜出。他们被激怒了，猜疑我是把钱藏在哪里，不肯拿出来。他们之中有一个，左手拿着一个木柄榴弹，右手拉着榴弹中的引线，双脚拉开一步，作出要抛掷的姿势，用凶恶的眼光盯住我，威吓地吼道：

“赶快将钱拿出来，不然就是一炸弹，把你炸死去！”

“哼！你不要作出那难看的样子来吧！我确实一个铜板都没有；想从我这里发洋财，是想错了。”我微笑着，淡淡地说。

“你骗谁！像你当大官的人会没有钱！”拿榴弹的兵士坚决不相信。

“绝不会没有钱的，一定是藏在哪里，我是老出门的，骗不得我。”另一个兵士一面说，一面弓着背重来一次将我的衣角裤裆仔细地捏，总企望着有新的发现。

“你们要相信我的话，不要瞎忙吧！我不比你们国民党当官，个个都有钱，我今天确实是一个铜板也没有，我们革命不是为着发财啦！”我再向他们解释。

等他们确知在我身上搜不出什么的时候，也就停手不搜了；又在我藏躲地方的周围，低头注目搜寻了一番，也毫无所得，他们是多么的失望呵！那个持弹欲放的兵士，也将拉着的引线，塞进榴弹的木柄里，转过来抢夺我的表和水笔。后彼此说定表和笔卖出钱来平分，才算无话。他们用怀疑而又惊异的目光，对我自上而下望了几遍，就同声命令地说：“走吧！”

是不是还要问问我家里有没有一些财产？请等一下，让我想一想，啊，记起来了，有的有的，但不算多。去年暑天我穿的几套旧的汗褂裤，与几双缝上底的线袜，已交给我的妻放在深山坞里保藏着——怕国军进攻时，被人抢了去，准备今年暑天拿出来再穿；那些就算是我唯一的财产了。但我说出那几件“传世宝”来，岂不要叫那些富翁们齿冷三天？！

清贫，洁白朴素的生活，正是我们革命者能够战胜许多困难的地方！

1935年5月26日写于囚室

我很重要
（有删改）

…………毕淑敏…………

/ 作者简介 /

毕淑敏

国家一级作家，内科医生，心理咨询师，被誉为“文学界的白衣天使”。著有《毕淑敏文集》十二卷，长篇小说《红处方》《血玲珑》《拯救乳房》《女心理师》《鲜花手术》等。

当我说出“我很重要”这句话的时候，颈项后面掠过一阵战栗。我知道这是把自己的额头裸露在弓箭之下了，心灵极容易被别人的批判洞伤。许多年来，没有人敢在光天化日之下表示自己“很重要”。我们从小受到的教育都是——“我不重要”。

我是由无数星辰日月草木山川的精华汇聚而成的。只要计算一下我们一生吃进去多少谷物，饮下了多少清水，才凝聚成一具美轮美奂的躯体，我们一定会为那数字的庞大而惊讶。平日里，我们尚要珍惜一粒米、一叶菜，难道可以对亿万粒菽粟亿万滴甘露濡养出的万物之灵，掉以丝毫的轻心吗?

当我在博物馆里看到北京猿人窄小的额和前凸的吻时，我为人类原始时期的粗糙而黯然。他们精心打制出的石器，用今天的目光看来不过是极简单的玩具。如今很幼小的孩童，就能熟练地操纵语言，我们才意识到已经在进化之路上前进了多远。我们的头颅就是一部历史，无数祖先进步的痕迹储存于脑海深处。我们是一株亿万年苍老树干上最新萌发的绿叶，不单属于自身，更属于土地。人类的精神之火，是连绵不断的链条，作为精致的一环，我们否认了自身的重要，就是推卸了一种神圣的承诺。

回溯我们诞生的过程，两组生命基因的嵌合，更是充满了人所不能把握的偶然性。我们每一个个体，都是机遇的产物。

常常遥想，如果是另一个男人和另一个女人，就不会有今天的我……

即使是这一个男人和这一个女人，如果换了一个时辰相爱，也不会有此刻的我……

即使是这一个男人和这一个女人在这一个时辰，由于一片小小落叶或是清脆鸟啼的打搅，依然可能不会有如此的我……

一种令人怅然以至走入恐惧的想象，像雾霭一般不可避免地缓缓升起，模糊了我们的来路和去处，令人不得不断然打住思绪。

我们的生命，端坐于概率垒就的金字塔的顶端。面对大自然的鬼斧神工，我们还有权利和资格说我不重要吗?

我们的记忆，同自己的伴侣紧密地缠绕在一处，像两种混淆于一碟的颜色，已无法分开。你原先是黄，我原先是蓝，我们共同的颜色是绿，绿得生机勃勃，绿得苍翠欲滴。失去了妻子的男人，胸口就缺少了生死攸关的肋骨，心房裸露着，随着每一阵轻风滴血。失去了丈夫的女人，就是齐斩斩折断的琴弦，每一根都在雨夜长久地自鸣……面对相濡以沫的同道，我们忍心说我不重要吗?

俯对我们的孩童，我们是至高至尊的唯一。我们是他们最初的宇宙，我们是深不可测的海洋。假如我们隐去，孩子就永失淳厚无双的血缘之爱，天倾东南，地陷西北，万劫不复。盘子破裂可以粘起，童年碎了，永不复原。伤口流血了，没有母亲的手为他包扎。面临抉择，没有父亲的智慧为他谋略……面对后代，我们有胆量说我不重要吗？

与朋友相处，多年的相知，使我们仅凭一个微蹙的眉尖、一次睫毛的抖动，就可以明了对方的心情。假如我不在了，就像计算机丢失了一份不曾复制的文件，他的记忆库里留下不可填补的黑洞。夜深人静时，手指在揿了几个电话键码后，骤然停住，那一串数字再也用不着默诵了。逢年过节时，她写下一沓沓的贺卡。轮到我的地址时，她闭上眼睛……许久之后，她将一张没有地址、只有姓名的贺卡填好，在无人的风口将它焚化。

相交多年的密友，就如同沙漠中的古陶，摔碎一件就少一件，再也找不到一模一样的成品。面对这般友情，我们还好意思说我不重要吗？

我很重要。

我对于我的工作我的事业，是不可或缺的主宰。我的独出心裁的创意，像鸽群一般在天空翱翔，只有我才捉得住它们的羽毛。我的设想像珍珠一般散落在海滩上，等待着我把它用金线串起。我的意志向前延伸，直到地平线消失的远方……没有人能替代我，就像我不能替代别人。我很重要。

是的，我很重要。我们每一个人都应该有勇气这样说。我们的地位可能很卑微，我们的身份可能很渺小，但这丝毫不意味着我们不重要。

人们常常从成就事业的角度，断定我们是否重要。但我要说，只要我们在时刻努力着，为光明在奋斗着，我们就是无比重要地生活着。

小草还记得

徐 鲁

导读赏析

人生的旅途中，我们会遇到很多老师，他们为我们传道、授业、解惑，通过老师的语言，我们看到了世界，看到了未来。任世界喧嚣，任年华逝去，他们始终坚守三尺讲台，载着一批又一批乘客，渡过童年和少年的小河，驶过人生的浅湾，驶向那托出朝阳的壮阔的海平线，驶向辽阔无边的海洋……

当人们留恋着丰美的秋天时，你的目光，却深情地投向了远方——

那里，是一朵朵含苞待放的花蕾，是一株株嫩绿茁壮的幼松，是一颗颗闪闪烁烁的晨星……

你心中最清楚，哪一些生命，渴望得到雨水的滋润；哪一些生命，渴望在辽阔的天地间自由地飞翔；哪一些生命，又期盼着能够早早地长大，自立于世界，让理想的火焰在现实中愈燃愈旺……

啊，老师！你用你的一生，绘制着一幅幅绚丽多彩的童心画卷，谱写着一曲曲激越动听的人生乐章，参与了一幕幕青春洋溢的生命盛典……

你用带露的草叶，用春风剪成的柳丝，用天边的一弯新月，为孩子们编织着最美丽的童话世界。

你像一只永不停泊的小船，载着一批又一批乘客，渡过童年和少年的小河，驶过人生的浅湾，驶向那托出朝阳的壮阔的海平线，驶向辽阔无边的海洋……

啊，老师！你就是天地间的又一轮太阳！你为一切小苗送来金色的阳光。在你的辉映与爱抚下，即便是最幼小的小苗，也将变得分外茁壮，分外清新，充满生命的希望和力量。

在鲜花的背后，在掌声的背后，你像润物细无声的春雨，默默地洒落在山冈上，洒落在小路边，洒落在大地上……

小草会记得你，江河会记得你。记得你的，还有大地母亲。

小试牛刀

1. “那里，是一朵朵含苞待放的花蕾，是一株株嫩绿茁壮的幼松，是一颗颗闪闪烁烁的晨星……”本句运用了哪种修辞手法，请选出来（　　）

   A.比喻　　B.夸张　　C.排比

2. 下列词语中对老师的尊称历史最悠久的是（　　）

   A.夫子　　B.先生　　C.师傅

答案：
1. C
2. B

因绿记

陆　蠡

/ 作者简介 /

陆蠡　/ 1908—1942

现代散文家、革命家、翻译家。著有散文集《海星》《竹刀》《囚绿记》，曾翻译俄国屠格涅夫的《罗亭》，英国笛福的《鲁滨逊漂流记》，法国拉·封丹的《寓言诗》和法国拉马丁的《希腊神话》。

这是去年夏间的事情。

我住在北平的一家公寓里。我占据着高广不过一丈的小房间，砖铺的潮湿的地面，纸糊的墙壁和天花板，两扇木格子嵌玻璃的窗，窗上有很灵巧的纸卷帘，这在南方是少见的。

窗是朝东的。北方的夏季天亮得快，早晨五点钟左右太阳便照进我的小屋，把可畏的光线射个满室，直到十一点半才退出，令人感到炎热。这公寓里还有几间空房子，我原有选择的自由的，但我终于选定了这朝东房间，我怀着喜悦而满足的心情占有它，那是有一个小小理由。

这房间靠南的墙壁上，有一个小圆窗，直径一尺左右。窗是圆的，却嵌着一块六角形的玻璃，并且左下角是打碎了，留下一个大孔隙，手可以随意伸进伸出。圆窗外面长着常春藤。当太阳照过它繁密的枝叶，透到我房里来的时候，便有一片绿影，我便是欢喜这片绿影才选定这房间的。当公寓里的伙计替我提了随身小提箱，领我到这房间来的时候，我瞥见这绿影，感觉到一种喜悦，便毫不犹疑地决定下来，这样了截爽直使公寓里伙计都惊奇了。

绿色是多宝贵的啊！它是生命，它是希望，它是慰安，它是快乐。我怀念着绿色把我的心等焦了。我欢喜看水白，我欢喜看草绿。我疲累于灰暗的都市的天空和黄漠的平原，我怀念着绿色，如同涸辙的鱼盼等着雨水！我急不暇择的心情即使一枝之绿也视同至宝。当我在这小房中安顿下来，我移徙小台子到圆窗下，让我面朝墙壁和小窗。门虽是常开着，可没人来打扰我，因为在这古城中我是孤独而陌生的。但我并不感到孤独。我忘记了困倦的旅程和已往的许多不快的记忆。我望着这小圆洞，绿叶和我对语。我了解自然无声的语言，正如它了解我的语言一样。

我快活地坐在我的窗前。度过了一个月，两个月，我留恋于这片绿色。我开始了解渡越沙漠者望见绿洲的欢喜，我开始了解航海的冒险家望见海面飘来花草的茎叶的欢喜。人是在自然中生长的，绿是自然的颜色。

我天天望着窗口常春藤的生长。看它怎样伸开柔软的卷须，攀住一根缘引它的绳索，或一茎枯枝；看它怎样舒开折叠着的嫩叶，渐渐变青，渐渐变老，我细细观赏它纤细的脉络，嫩芽，我以揠苗助长的心情，巴不得它长得快，长得茂绿。下雨的时候，我爱它淅沥的声音，婆娑的摆舞。

忽然有一种自私的念头触动了我。我从破碎的窗口伸出手去，把两枝浆液丰富的柔条牵进我的屋子里来，叫它伸长到我的书案上，让绿色和我更接近，更亲密。我拿绿色来装饰我这简陋的房间，装饰我过于抑郁的心情。我要借绿色来比喻葱茏的爱和幸福，我要借绿色来比喻猗郁的年华。

我囚住这绿色如同幽囚一只小鸟，要它为我作无声的歌唱。

绿的枝条悬垂在我的案前了，它依旧伸长，依旧攀缘，依旧舒放，并且比在外边长得更快。我好像发现了一种“生的欢喜”，超过了任何种的喜悦。从前我有个时候，住在乡间的一所草屋里，地面是新铺的泥土，未除净的草根在我的床下茁出嫩绿的芽苗，蕈菌在地角上生长，我不忍加以剪除。后来一个友人一边说一边笑，替我拔去这些野草，我心里还引为可惜，倒怪他多事似的。

可是每天在早晨，我起来观看这被幽囚的“绿友”时，它的尖端总朝着窗外的方向。甚至于一枚细叶，一茎卷须，都朝原来的方向。植物是多固执啊！它不了解我对它的爱抚，我对它的善意。我为了这永远向着阳光生长的植物不快，因为它损害了我的自尊心。可是我囚系住它，仍旧让柔弱的枝叶垂在我的案前。

它渐渐失去了青苍的颜色，变成柔绿，变成嫩黄，枝条变成细瘦，变成娇弱，好像病了的孩子。我渐渐不能原谅我自己的过失，把天空底下的植物移锁到暗黑的室内；我渐渐为这病损的枝叶可怜，虽则我恼怒它的固执，无亲热，我仍旧不放走它。魔念在我心中生长了。

我原是打算七月尾就回南去的。我计算着我的归期，计算这“绿囚”出牢的日子。在我离开的时候，便是它恢复自由的时候。

卢沟桥事件发生了。担心我的朋友电催我赶速南归。我不得不变更我的计划，在七月中旬，不能再留连于烽烟四逼中的旧都，火车已经断了数天，我每日须得留心开车的消息。终于在一天早晨候到了。临行时我珍重地开释了这永不屈服于黑暗的囚人。我把瘦黄的枝叶放在原来的位置上，向它致诚意的祝福，愿它繁茂苍绿。

离开北平一年了。我怀念着我的圆窗和绿友。有一天，得重和它们见面的时候，会和我面生吗？

露珠儿和蔷薇花

宗　璞

/ 作者简介 /

宗璞

原名冯钟璞，代表性作品有短篇小说《红豆》《弦上的梦》，中篇《三生石》，系列长篇小说《野葫芦引》，散文《紫藤萝瀑布》，童话《总鳍鱼的故事》《蜗居》《我是谁》。

这个园子里，樱花开得如雪，在月光下闪着一片银光。然而不过三天光景，全没有了踪迹。过不多时，这里便全是各种颜色的蔷薇花的世界了。

先开的是金黄色的，颜色相当深，却是十分活泼润泽，像是阳光照在大海上闪着的金波；后开的是白色的，花朵比较大，花瓣儿也比较繁茂，每一朵都是一件艺术品；现在轮到了粉红的和大红的，花园里热闹异常。

粉红色的蔷薇正在盛开，它那颜色是这样娇嫩，叫人真想去碰碰它，而又不敢挨近。花枝儿从架子上垂了下来，枝上一簇簇花中，有一朵最大的，随着悬空的枝条轻轻摆动，显得格外鲜艳夺目。

“这朵花真鲜艳得出奇！”过路人总要停下来看它。

“粉红色”越想越觉得自己美丽。尤其是在清晨，它刚刚睡醒，花瓣上还留着一滴滴细小的露珠儿，那模样真像是在流动，在微笑，生意盎然，逗人喜爱。

“我真美呀！”它自我陶醉了，“我美极了。”

花瓣上的露珠儿轻轻转动着，却不说话。

“我，太美了。”“粉红色”简直在唱了。

“你是美，可别忘记是靠了许多别的力量，才有你的今天。”露珠儿轻轻地提醒它。

“什么别的力量？”“粉红色”生气了，花瓣都翘了起来，“是你这样说么？露珠儿！短命的露珠儿！”它轻蔑地说。

“想想看，泥土、雨水、根、枝，还有人们来种，才能有你。”

“他们愿意如此，他们也必须如此，因为我美！”

露珠儿不说话。太阳升起了，和暖的阳光照得露珠儿闪闪发亮。

“你，恐怕就要死了吧？”“粉红色”说。

“任何生命都是有限的。”露珠儿笑道，“只要在短暂的时间里，做出自己应有的贡献，那也就该满意了。”

“粉红色”觉得一阵凉飕飕的，露水正在渗进它的茎中。

“你，你也配跟我在一起么！”“粉红色”大怒，用力摇着头，把亮晶晶的露珠儿纷纷地摇落了。

露珠儿不说话。它落在地上，就渗进泥土中了。

太阳越升越高了。往常这时，“粉红色”总是觉得很温暖，现在却觉得干燥得很，润泽的花瓣打起了皱褶。“奇怪！”它喃喃地说。一面用力想把花瓣伸平，想要笑得好看一些，却都失败了。它觉得非常疲乏，茫然地看着明朗的阳光在密丛丛的各色花朵上轻轻浮动。

邻近的深红的蔷薇正高兴地迎着阳光，伸展着花瓣。层层花瓣，都泛着鲜红的光泽。

“它多美呵。”花园里响起了一片赞叹的声音，是鸟儿和小草，树叶和轻风的议论。

“这不是我——是靠了大家——”深红的蔷薇怯怯地说。

“它也说这种话了！”“粉红色”不以为然，想讽刺它几句，但竟说不出话来，它拼命颤动着花瓣，花瓣儿一片片飘落下来，落在地上。

到了下午，这朵“粉红色”的大花朵就过早地凋谢了。这丝毫没有影响花园的美丽。深红的花开得火艳艳的，粉红的花丛中在陆续吐着新苞。

又是一个清晨，花朵上滚动着亮闪闪的露珠儿，显得那样新鲜，那样活泼。露珠儿干了，花朵更加鲜艳，仿佛在发着光。

过路人看着这些花朵，都在说：“真叫人高兴，好像自己都年轻了！”

这一片青春的、绚烂的颜色，给世界增添了力量。

小试牛刀

1. 请将全文使用最多的修辞手法选出来（　　）

A.比喻　　B.夸张　　C.拟人

2. “樱花开得如雪”运用了哪种修辞手法，请选出来（　　）

A.比喻　　B.夸张　　C.拟人

答案：
1. C
2. A

每一个小狗都有一个目标

毕淑敏

导读赏析

我们常常容易将别人对我们的要求看作是自己的目标，但随着一天天长大，我们开始拥有成熟的想法，有一天，终究会让生根在自己心里的种子开出美丽的花。

有一对夫妇，有两个孩子，一个叫莎拉，一个叫克里斯蒂。

当孩子还小的时候，父母决定为他们养一只小狗。小狗抱回来以后，他们就请朋友帮忙训练这只小狗。在第一次训练前，女驯狗师问：“小狗的目标是什么？”

夫妻俩面面相觑，很是意外，嘟囔着说：“一只小狗的目标？当然就是当一只狗了。”他们实在想不出狗还有什么另外的目标。

女驯狗师极为严肃地摇了摇头说：“每只小狗都得有一个目标。”夫妇俩商量之后，为小狗确立了一个目标：白天和孩子们一道玩，夜里看家。后来，小狗被成功地训练成了孩子的好朋友和家的守护神。这对夫妇就是美国的前任副总统阿尔·戈尔和他的妻子迪帕。他们牢牢地记住了这句话——做一只狗要有目标，更何况是做一个人。

我们常常把别人的期待当成自己的目标，孩童时，这几乎是顺理成章的事。但是，你会渐渐地长大，无论别人的期望是怎样美好，它也不属于你。除非有一天，你成功地在自己的心底移植了这个期望，这个期望生根发芽，长成了你的目标。那时，尽管所有的枝叶都和母本一脉相承，但其实它已面目全非，它的灵魂完完全全只属于你，它被你的血脉所滋养。

我们常常把世俗的流转当成自己的目标。这一阵子崇尚钱，你就把挣钱当成自己的目标。殊不知钱只是手段而非目标，有了钱之后，事情远远没有结束。把钱当成目标，就是把叶子当成了根。目标是终极的代名词，它悬挂在人生的沙海之中，你向着它航行，却永远不会抵达。你的快乐就在这跋涉的过程中流淌，而并非把目标攫为己有。从这个意义上说，钱不具备终极目标的资格。过一阵子流行美丽，你就把制造美丽、保存美丽当成了目标。殊不知美丽的标准有所不同，美丽是可以变化的，目标却是相当恒定的。美丽之后你还要做什么？美丽会褪色，目标却永远鲜艳。

有人把快乐和幸福当成了终极目标，我觉得这也值得推敲。

快乐并不只是单纯的快感，类乎饮食和繁殖的本能。科学家们通过研究，发现最长远最持久的快乐，来自你的自我价值的体现。而毫无疑问，自我价值从属于你的目标，一个连目标都没有的人，又何谈价值呢！

一棵树的目标也许是雕成大厦的栋梁，也许是撑一把绿伞送人阴凉，也许是化作无数张白纸传递知识，也许是制成一次性筷子让人大快朵颐……还有数不清的可能，我们不是树，我们不可能穷尽，也不可能明白树的心思。

我们是人，我们可以为自己确立一个目标，这是做人的本分之一。有一位女子曾经说过，出名要趁早，我看，确立目标也要趁早。

对岸

[印度]罗宾德拉纳特·泰戈尔

/ 作者简介 /

罗宾德拉纳特·泰戈尔 /1861—1941

印度近代诗人、作家和社会活动家。20世纪头20年是其创作最辉煌的时期，1913年获得诺贝尔文学奖，成为第一位获得该奖的东方作家。他是举世公认的散文诗大师。

我渴想到河的对岸去，在那边，好些船只一行儿系在竹竿上；人们在早晨乘船渡过那边去，肩上扛着犁头，去耕耘他们的远处的田；在那边，牧人使他们鸣叫着的牛游泳到河旁的牧场去；黄昏的时候，他们都回家了，只留下豺狼在这满长着野草的岛上哀叫。

妈妈，如果你不在意，我长大的时候，要做这渡船的船夫。

据说有好些古怪的池塘藏在这个高岸之后。雨过去了，一群一群的野鹜飞到那里去。茂盛的芦苇在岸边四周生长，水鸟在那里生蛋；竹鸡带着跳舞的尾巴，将它们细小的足印印在洁净的软泥上；黄昏的时候，长草顶着白花，邀月光在长草的波浪上浮游。

妈妈，如果你不在意，我长大的时候，要做这渡船的船夫。

我要自此岸至彼岸，渡过来，渡过去，所有村中正在那儿沐浴的男孩女孩，都要诧异地望着我。

太阳升到中天，早晨变为正午了，我将跑到你那里去，说道："妈妈，我饿了！"一天完了，影子俯伏在树底下，我便要在黄昏中回家来。我将永不像爸爸那样，离开你到城里去做事。

妈妈，如果你不在意，我长大的时候，要做这渡船的船夫。

（郑振铎　译）

小试牛刀

1. "黄昏的时候，长草顶着白花，邀月光在长草的波浪上浮游" 运用了哪种修辞手法，请选出来（　　）

   A.比喻　　B.夸张　　C.拟人

2. 文中的"我"立志做______________。

答案：
1. C
2. 一名船夫

论友谊

[黎巴嫩] 纪伯伦

/ 作者简介 /

纪伯伦 / 1883—1931

黎巴嫩著名诗人、散文家兼画家。20世纪阿拉伯海外文学的代表人物。他的作品在阿拉伯本土和海外都有巨大影响，他的创作风格被誉为“纪伯伦风格”。

于是一个青年说：请给我们谈友谊。

他回答说：你的朋友是你的有回答的需求。他是你用爱播种，用感谢收获的田地。他是你的饮食，也是你的火炉。因为你饥渴地奔向他，你向他寻求平安。

当你的朋友向你倾吐胸臆的时候，你不要怕说出心中的“否”，也不要瞒住你心中的“可”。

当他静默的时候，你的心仍要倾听他的心；因为在友谊里，不用言语，一切的思想，一切的愿望，一切的希冀，都在无声的欢乐中发生而共享了。

当你与朋友别离的时候，不要忧伤；因为你感到他的最可爱之点，当他不在时愈见清晰，正如登山者在平原上望山峰，也倍加地分明。

愿除了寻求心灵的加深之外，友谊没有别的目的。

因为那只寻求着要显露自身的神秘的爱，不算是爱，只算是一张撒下的网，只网住一些无益的东西。

让你的最佳美的事物，都给你的朋友。

假如他必须知道你潮水的下退，也让他知道你潮水的高涨。

你找他只为消磨光阴的人，还能算你的朋友吗?

你要在生长的时间中去找他。

因为他的时间是满足你的需要，不是填满你的空虚。

在友谊的温柔中，要有欢笑和共同的欢乐。

因为在那微末事物的甘露中，你的心能寻找到他的清晓而焕发的精神。

（冰心　译）

蒲公英

[日本] 壶井荣

/ 作者简介 /

壶井荣 / 1900—1967

日本现代女作家。1935年，因读坪田让治的《风中的孩子》受到启发，写了具有浓厚的民族风格的《萝卜叶子》。她的作品富有诗意，文笔朴实，充满了对人类的爱。

“提灯笼，掌灯笼，聘姑娘，扛箱笼……”

村里的孩子们一面唱，一面摘下蒲公英，深深吸足了气，“噗”地一声把茸毛吹去。

“提灯笼，掌灯笼，聘姑娘，扛箱笼，噗！”

蒲公英的茸毛像蚂蚁国的小不点儿的降落伞，在使劲吹的一阵人工暴风里，悬空飘舞一阵子，就四下里飞散开，不见了。在春光弥漫的草原上，孩子们找寻成了茸毛的蒲公英，争先恐后地赛跑着。我回忆到自己跟着小伙伴们在草原上来回奔跑的儿时，也给孙子一般的小儿子，吹个茸毛瞧瞧：

“提灯笼，掌灯笼，聘姑娘，扛箱笼，噗！”

小儿子高兴了，从院里的蒲公英上摘下所有的茸毛来，小嘴里鼓足气吹去。茸毛像鸡虱一般飞舞着，四散在狭小的院子里，有的越过篱笆飞往邻院。

一旦扎下根，不怕遭践踏被蹂躏，还是一回又一回地爬起来，开出小小花朵来的蒲公英！

我爱它这忍耐的坚强和朴实的纯美，曾经移植了一棵在院里，如今已经8年了。虽说爱它而移植来的，可是动机并不是为风雅或好玩。在战争激烈的时候，我们不是曾经来回走在田地里寻觅野草么？那是多么悲惨的时代！一向只当作应时野菜来欣赏的鸡筋菜、芹菜，都不能算野菜，变成美味了。

我们乱切一些现在连名儿都记不起来的野菜，掺在一起煮成难吃得碗都懒得端的稀糊来，有几次吃的就是蒲公英。据新闻杂志的报道，把蒲公英在开水里烫过，去了苦味就好吃了，我们如法炮制过一次，却再没有勇气去找来吃了。就在这一次把蒲公英找来当菜的时候，我偶然忆起儿时唱的那首童谣，就种了一棵在院子里。

蒲公英当初是不大愿意被迁移的，它紧紧扒住了根旁的土地，因此好像受了很大的伤害，一定让人以为它枯死。可是过了一个时期，又眼看着有了生气，过了两年居然开出美丽的花来了。原以为蒲公英是始终趴在地上的，没想到移到土壤松软的菜园之后，完全像蔬菜一样，绿油油的嫩叶冲天直上，真是意想不到的。蒲公英只为长在路旁，被践踏、被蹂躏，所以才变成了像趴在地上似的姿势的么？

从那以后，我家院子里的蒲公英一族就年复一年地繁殖起来。

“府上真新鲜，把蒲公英种在院子里啦。”

街坊的一位太太来看蒲公英时这样笑我们。其实，我并不是有心栽蒲公英的，只不过任它繁殖罢了。我那个像孙子似的儿子来我家，也和蒲公英一样的偶然。这个刚满周岁的男孩子，比蒲公英迟一年来到我家。

男孩子和紧紧扒住扎根在土里，不肯让人拔的蒲公英一样，他初来时万分沮丧，没有一点精神。这个“蒲公英儿子”被夺去了抚养他的大地。战争从这个刚一周岁的孩子身上夺去了父母。我要对这战争留给我家的两个礼物，喊出无声的呼唤：

“须知你们是从被践踏、被蹂躏里，勇敢地生活下来的。今后再遭践踏、再遭蹂躏，还得勇敢地生活下去，却不要再尝那已尝过的苦难吧！”

我怀着这种情感，和我那孙子一般的小儿子吹着蒲公英的茸毛：

“提灯笼，掌灯笼，聘姑娘，扛箱笼……”

（肖肖　译）

第五辑

我的动物朋友

Chapter 5

篇章序

人类和动物共存于地球之上，二者的友好相处，是大自然和谐的标志之一。那些翱翔天际的飞鸟，畅游海洋的大鱼，驰骋森林的野兽，随处可见的昆虫，还有陪伴在人类身边的小宠物们，时时刻刻和我们同呼吸、共命运。我们在与动物的相处中渐渐学会了敬畏大自然、尊重生命。实际上，爱护动物、爱护大自然、爱护地球，就是爱护我们自己。

带刺的朋友
（节选）

宗介华

/ 作者简介 /

宗介华

中国儿童教学研究会副理事长，现为中国作家协会会员、中国科普作家协会会员、中国儿童文学研究会名誉会长。

秋天，枣树上挂满了红枣，风儿一吹，轻轻摆动，如同无数颗飘香的玛瑙晃来晃去，看着就让人眼馋。

一天晚上，新月斜挂，朦胧的月光透过枝叶，斑斑驳驳地洒在地上。我刚走到后院的枣树旁边，忽然看见一个圆乎乎的东西，正缓慢地往树上爬……

我非常惊讶，赶忙贴到墙根，注视着它一举一动。

“是猫，还是别的什么？”我暗暗地猜测着。

那个东西一定没有发现我在监视它，仍旧诡秘地爬向老树杈，又爬向伸出的枝条……

挂满红枣的枝杈慢慢弯下来。

后来，那个东西停住了脚，兴许是在用力摇晃吧，树枝哗哗作响，红枣噼里啪啦地落了一地。

我还没弄清楚是怎么回事，树上那个家伙就噗的一声掉了下来。听得出，摔得还挺重呢！

我恍然大悟：这不是刺猬吗？

很快，它又慢慢地活动起来了，看样子，劲头比上树的时候足多了。它匆匆地爬来爬去，把散落的红枣逐个归拢到一起，然后就地打了一个滚儿。你猜怎么着？归拢的那堆红枣，全都扎在它的背上了。立刻，它的身子“长”大了一圈儿。也许是怕被人发现吧，它驮着满背的红枣，向着墙角的水沟眼儿，急火火地跑去了……

我暗暗钦佩：聪明的小东西，偷枣的本事可真高明啊！

可是，它住在什么地方呢？离这儿远不远？窝里还有没有伙伴？好奇心驱使我蹑手蹑脚地追到水沟眼儿，弯腰望去，水沟眼儿里黑洞洞的，小刺猬已经没有了踪影。

我暗暗地思忖：小刺猬呀，可真逗，偷枣那么诡秘，逃跑又那么迅速。可是它究竟钻到哪儿去了呢？

第二天吃早饭的时候，我再也憋不住了，就把小刺猬偷枣的事，一五一十地告诉了爸爸。

我的爸爸，是个见多识广的人。他那肚子，就像一个丰富多彩的故事兜儿、知识篓儿，不管什么时候，只要一“挤”就会冒出来，保管让你听直了眼。

“别看刺猬个儿不大，可偷起枣来，就是那么鬼头。”爸爸笑笑说。

“那么，它干嘛晚上才出来呢？”我又开始刨根问底了。

“按书上说，它是夜行性动物，和猫头鹰、黄鼠狼一个样，白天休息，专在晚上才上工呢，就像专打夜班似的。”

“它都吃什么呀？”

“嗬，它的胃口挺好的，吃的样儿可多了，什么花生、枣、青蛙、田鼠、蛇、昆虫、草根……有的说它是益兽，也有说它是害兽的。实际上，它是益多害少哩。”

“那么，它会叫吗？”

“听人说，有的时候，它会发出‘吭吭’的声音，就像老头儿咳嗽一样。要说叫嘛……对了，我小时候，有个伙伴捉到一只刺猬，用棍子使劲按它的脚，你猜怎么着？刺猬就‘啊啦、啊啦’地叫起来了，声音又细又长，跟刚生下来的小孩哭一个声儿。不过，你可别那样祸害它，怪惨的……”

“嗯嗯！”我不住地点头，“那么，刺猬在哪儿住哇？”

“地方多了。山坡洞，乱草堆，树窟窿，木头垛，草棚子……”

“那……咱们家……”

“你甭问，咱们家这儿没住着刺猬。”没等我把话说完，爸爸的话已经截断了我的后路。可是，从爸爸的话音和脸部的表情上看，我已经发现了秘密。咱们家咋没住着刺猬？那偷枣的刺猬从哪儿来？难道它会跑出几里地来寻吃的？绝不会的。我的心暗暗嘀咕起来了：一定要找到它的家，看看到底是个什么样。

那么，怎么办呢？

夜幕悄悄地降落下来，大地又被笼罩在铅色的暗纱里了。

我抹去额头上的汗水，偷偷躲在树丛的背后，两只眼睛瞪得圆圆的，专等从水沟眼儿里钻出那个圆乎乎的刺猬来。

此时，我忐忑不安起来。能行吗？昨天晚上刚刚偷了枣，窝里一定还有吃的，兴许不来了……不，爸爸说过，刺猬的食量可大呢，一天一夜，准会饿坏了。那么，一旦它发现墙根儿处都撒了沙子，会不会感到奇怪，猜到了我的心思：噢，想顺着沙子上的脚印找窝呀，我才不去了呢……不，不会的，昨天晚上偷枣并没被人看见，今天晚上还得去，红枣多甜呀……

我静静地蹲在那里，替刺猬问着、答着。不知过了多少时候，皎洁的月光又把庭院洒满了。啊，时候已经不早了。我的心慢慢凉下来，断定小刺猬发现了沙地，是不会再来了。

小试牛刀

1. 请为下面的词语加上拼音。

   朦胧（　　　　）　　斑驳（　　　　）

   钦佩（　　　　）　　踪影（　　　　）

2. 填写恰当的量词。

   一（　　）红枣　　一（　　）风

   一（　　）刺猬　　一（　　）树叶

答案：

1. méng lóng　bān bó　qīn pèi　zōng yǐng
2. 颗　阵　个　片

白 鹭

郭沫若

/ 作者简介 /

郭沫若 / 1892—1978

本名郭开贞，中国现代作家、历史学家、考古学家。

白鹭是一首精巧的诗。

色素的配合，身段的大小，一切都很适宜。

白鹤太大而嫌生硬，即使如粉红的朱鹭或灰色的苍鹭，也觉得大了一些，而且太不寻常了。

然而白鹭却因为它的常见，而被人忘却了它的美。

那雪白的蓑毛，那全身的流线型结构，那铁色的长喙，那青色的脚，增之一分则嫌长，减之一分则嫌短，素之一忽则嫌白，黛之一忽则嫌黑。

在清水田里，时有一只两只白鹭站着钓鱼，整个的田便成了一幅嵌在玻璃框里的画。田的大小好像是有心人为白鹭设计的镜匣。

晴天的清晨，每每看见它孤独地站立于小树的绝顶，看来像是不安稳，而它却很悠然。这是别的鸟很难表现的一种嗜好。人们说它是在望哨，可它真是在望哨吗？

黄昏的空中偶见白鹭的低飞，更是乡居生活中的一种恩惠。那是清澄的形象化，而且具有生命了。

或许有人会感到美中不足，白鹭不会唱歌。但是白鹭本身不就是一首很优美的歌吗？

——不，歌未免太铿锵了。

白鹭实在是一首诗，一首韵在骨子里的散文诗。

小试牛刀

1. 从文中找出下列词语的近义词。

   适合（　　）　悠闲（　　）　忘记（　　）

2. “人们说它是在望哨，可它真是在望哨吗？”

   此句运用了哪种修辞手法，请选出来（　　）

   A.比喻　　B.设问　　C.反问

答案：

1. 适宜　悠然　忘却

2. C

小麻雀

老 舍

/ 导读赏析 /

这是老舍先生所作的一篇托物言志的散文，文章运用拟人的手法生动地记叙了一只带伤的小麻雀被猫咬伤以及作者对其进行救助的过程。麻雀尽管弱小，可也要勇敢地抬起头，依靠自己的力量去与命运抗争，这是作者在文中含蓄地表达的期望。

雨后，院里来了个麻雀，刚长全了羽毛。它在院里跳，有时飞一下，不过是由地上飞到花盆沿上，或由花盆上飞下来。看它这么飞了两三次，我看出来：它并不会飞得再高一些，它的左翅的几根长翎拧在一处，有一根特别的长，似乎要脱落下来。我试着往前凑，它跳一跳，可是又停住，看着我，小黑豆眼带出点要亲近我又不完全信任的神气。我想到了：这是个熟鸟，也许是自幼便养在笼中的。所以它不十分怕人。可是它的左翅也许是被养着它的或别个孩子给扯坏，所以它爱人，又不完全信任。想到这个，我忽然的很难过。一个飞禽失去翅膀是多么可怜。这个小鸟离了人恐怕不会活，可是人又那么狠心，伤了它的翎羽。它被人毁坏了，而还想依靠人，多么可怜！它的眼带出进退为难的神情，虽然只是那么个小而不美的小鸟，它的举动与表情可露出极大的委屈与为难。它是要保全它那点生命，而不晓得如何是好。对它自己与人都没有信心，而又愿找到些倚靠。它跳一跳，停一停，看着我，又不敢过来。我想拿几个饭粒诱它前来，又不敢离开，我怕小猫来扑它。可是小猫并没在院里，我很快地跑进厨房，抓来了几个饭粒。及至我回来，小鸟已不见了。我向外院跑去，小猫在影壁前的花盆旁蹲着呢。我忙去驱逐它，它只一扑，把小鸟擒住！被人养惯的小麻雀，连挣扎都不会，尾与爪在猫嘴旁耷拉着，和死去差不多。

瞧着小鸟，猫一头跑进厨房，又一头跑到西屋。我不敢紧追，怕它更咬紧了，可又不能不追。虽然看不见小鸟的头部，我还没忘了那个眼神。那个预知生命危险的眼神。那个眼神与我的好心中间隔着一只小白猫。来回跑了几次，我不追了。追上也没用了，我想，小鸟至少已半死了。猫又进了厨房，我愣了一会儿，赶紧地又追了去；那两个黑豆眼仿佛在我心内睁着呢。

进了厨房，猫在一条铁筒——冬天升火通烟用的，春天拆下来便放在厨房的墙角——旁蹲着呢。小鸟已不见了。铁筒的下端未完全扣在地上，开着一个不小的缝儿，小猫用脚往里探。我的希望回来了，小鸟没死。小猫本来才四个来月大，还没捉住过老鼠，或者还不会杀生，只是叼着小鸟玩一玩。正在这么想，小鸟，忽然出来了，猫倒像吓了一跳，往后躲了躲。小鸟的样子，我一眼便看清了，登时使我要闭上了眼。小鸟几乎是蹲着，胸离地很近，像人害肚痛蹲在地上那样。它身上并没血。身子可似乎是蜷在一块，非常的短。头低着，小嘴指着地。那两个黑眼珠！非常的黑，非常的大，不看什么，就那么顶黑顶大的愣着。它只有那么一点活气，都在眼里，像是等着猫再扑它，它没力量反抗或逃避；又像是等着猫赦免了它，或是来个救星。生与死都在这俩眼里，而并不是清醒的。它是胡涂了，昏迷了；不然为什么由铁筒中出来呢？可是，虽然昏迷，到底有那么一点说不清的，生命根源的，希望。这个希望使它注视着地上，等着，等着生或死。它怕得非常的忠诚，完全把自己交给了一线的希望，一点也不动。像把生命从两眼中流出，它不叫也不动。

小猫没再扑它，只试着用小脚碰它。它随着击碰倾侧，头不动，眼不动，还呆呆地注视着地上。但求它能活着，它就决不反抗。可是并非全无勇气，它是在猫的面前不动！我轻轻地过去，把猫抓住。将猫放在门外，小鸟还没动。我双手把它捧起来。它确是没受了多大的伤，虽然胸上落了点毛。它看了我一眼！

我没主意：把它放了吧，它准是死？养着它吧，家中没有笼子。我捧着它好像世上一切生命都在我的掌中似的，我不知怎样好。小鸟不动，蜷着身，两眼还那么黑，等着！愣了好久，我把它捧到卧室里，放在桌子上，看着它，它又愣了半天，忽然头向左右歪了歪，用它的黑眼瞟了一下；又不动了，可是身子长出来一些，还低头看着，似乎明白了点什么。

大雁

叶圣陶

/ 导读赏析 /

大雁又被称为鸿雁，是候鸟，春秋迁徙。古往今来，有很多歌颂大雁的诗词、文章。在古诗词中，鸿雁用来指代书信，抒发思乡之情。作者笔下的大雁极具灵性，文章字里行间全是爱鸟之情。

秋天，一群一群的大雁在天空飞过，发出清亮的叫声。大雁的家乡在遥远的北方。那儿秋天就飞雪，到了冬天，什么东西都给冰雪盖没了。太阳每天只露一下脸，立刻又落下去了。如果再往北去，到了北极，那儿足足有半个年头见不到太阳的面。这样寒冷，这样黑暗，大雁怎么能生活呢？所以到了秋天，它们就结队迁移，向南方飞来。

大雁的飞行队很有秩序，常常排成“人”字形、“之”字形、“一”字形，我国的诗人因而把它叫做“雁”。大雁飞行的时候，由一只富有经验的统率着全队。停下来休息之前，先在空中盘旋，侦察地面有没有危险。它们饥饿的时候，连麦苗和青草都吃。可是到底是水鸟，最喜欢在湖边和江滩上搜寻它们的食物。

到了春深时节，它们的家乡渐渐暖和起来，冰雪融化了。太阳每天照得很长久，只有三四小时黑夜。如果再往北去，就整整六个月，太阳老在天空中打转。因为阳光充足，草木很快地生长起来，各种虫豸也繁殖得很多。大雁从南方飞回去，用芦秆等东西做基础，放上枯叶和羽毛，做成了窠，就把卵生在窠里。母雁孵卵非常专心，除非十分饥饿，它决不肯离开一步。一个月之后，小雁出壳了，一出壳就能活泼地走动。母雁带领着它们到有水的地方去觅食。那儿虫豸既多，得食自然很容易，侵害大雁的动物很少，行动又极自由。大雁在这样安适的地方生活，真个其乐无比。

可是，这样安适的地方不是常年不变的。过了夏天就是秋天，冰雪又要来管领这个地方了。因此，大雁必须每年一次离开故乡，到南方来避寒。

小试牛刀

1. 请为下面的词语加上拼音。

侦察（　　　　）　繁殖（　　　　）

统率（　　　　）　觅食（　　　　）

2. 你能说出一句描写大雁的诗词吗？

____

答案：

1. zhēn chá　fán zhí　tǒng shuài　mì shí

2. 唐　白居易　千里黄云白日曛，北风吹雁雪纷纷。

黑豹的邻居

秦　牧

/ 导读赏析 /

当一只以大自然为家的非洲黑豹遇上一只生活在动物园里的狮子，会发生什么样的故事呢？黑豹记忆里的狮子是“百兽之王”，藐视一切动物，威严无比；而眼前的狮子却时刻懒洋洋，不擅长奔跑，经历比一只野狸还要少——黑豹疑惑了，等待它的又会是什么呢？

一只非洲黑豹，落进了猎人的陷阱，被人们装进笼子里，抬上轮船，漂洋过海，运到一个遥远的地方，最后被送进一个动物园。

黑豹到了这个奇异的地方，又是陌生，又是害怕。这里夜间可以听到狮、虎、象、狼各种动物的哀嗥长啸，比森林里还要热闹；大风吹着树木，飒飒沙沙地响，也仿佛是野外的模样。但是一到白天，却完全不是这么一回事，各种动物一般都互不见面，只有邻近笼子里的动物才可以彼此见到。动物园的饲养员抬着一桶桶食物，分头给各个笼子的野兽送食。每天从早到晚，整日里笼子外都挤满了人，投以好奇、端详、观赏的目光，朝笼子里瞧。

“呼——哦。”一个低沉而又雄壮的吼声，从隔壁笼子里响了起来，黑豹听了，觉得毛骨悚然。它略略走近铁栏，探视一下，看到了一只脑袋异常巨大、上面长满深棕色鬣毛、姿势英武、拖着一根末端有个黑色绒球的尾巴的动物，在隔壁笼子里威严地走来走去。不用说，那是一头狮子。

黑豹谨慎地靠到笼边去，问道：“请问，你就是狮子吗？我在野外见过你们的同类。”

狮子懒洋洋地打了个呵欠，回答道：“是的，我叫狮子。”

“呵，狮子，你是兽中之王呵！”黑豹恭恭敬敬地说。

“是的，游园的人常常用这句话称赞我。”狮子懒洋洋地说。它总是这副模样，仿佛“百兽之王”的王冠对它是个沉重的负荷，把它的性格压成这个模样了。

“呵！你真是勇猛呵！你不是常常震天撼地地吼叫，使许多野兽都慑伏在地，然后你就在原野上奔跑，一路搏击着你的猎物吗？”黑豹问道。

“不，我从来没有奔跑过那么遥远的地方，我一天到晚，都只在笼子里逡巡，或者是另一个笼子，或者是这个笼子。”狮子说。

“那是你被人们捕获，和我一样倒霉以后的事罢了。我现在问的是从前，从前，你难道没有威武地去搏击过长颈鹿、斑马、野牛？”黑豹问。

“没有，长颈鹿、斑马、野牛是什么？我不知道。”狮子说。

“那么，你吃什么呢？你难道没有吃过各种野物的肉吗？”黑豹惊奇地问道。

“没有，亲爱的饲养员到来的时候，有时丢给我一只活兔，我就衔着它在笼子里来回走一阵，然后把它吃掉。有时给我一桶碎肉和骨头，我就把它们吃了，用我生着倒钩的舌头把盆壁舔个精光。我从没有自己去抓过一只猎物。”狮子懒洋洋地说。

“且慢，让我问问你，你的名字是狮子吗？”黑豹更加惊异了。

“不错，叫做狮子。”

于是，两只动物都沉默了。狮子沉吟道：“为什么这个黑颜色的邻居这么噜苏呢？它竟然连我的名字也怀疑起来！”黑豹寻思道：“这也叫做狮子吗？怎么它比一只野狸的经历还少呢？”

黑豹自然不知道，人们猎获了狮子以后，把它们养在铁笼里，让它们一代传一代，动物园里有一部分狮子，并不是从野外捕获的，而是在笼子里一代代繁殖出来的。它们一生一世都住在笼子里，从来没有自己捕过一只野兽，也从来没有在宽阔的原野跑过一趟。它们实际的经历比森林里的一只野兔、一只小猴还要可怜，虽然靠祖先的血统遗传，表面上它们长着一副威武的模样。黑豹隔笼的狮子，已经有七代生活在动物园里了，早已不知道原野和森林是怎么回事了。

黑豹瞅着狮子，狮子瞅着黑豹，互相惊异地凝视着。过了好一会儿，黑豹又问道：“你的名字真的叫做狮子吗？”

“是的，真真正正，我的名字的确叫做狮子。”狮子打个呵欠，懒洋洋地回答。

有一句话我想附带告诉小朋友，实际和名称并不常常是相符的。

那只红嘴鸥

吴　然

/ 作者简介 /

吴然

儿童文学作家、散文家。出版过《天使的花房》《那时月光》《吴然给孩子的写作课》《吴然经典美文》等多部儿童散文集。散文《大青树下的小学》《走月亮》分别选入统编人教版小学语文教科书三年级上册、四年级上册。

昆明的冬天是温暖的。

眼下正是所谓寒冬时节吧。可是，天空高蓝、柔亮，云朵又轻又软。路畔的小草，有的枯黄了，但有细嫩的根芽在萌生。一些树落了叶，但也有许多树保持着葱茏的绿色，而且绿得很鲜、很嫩，叶片儿很干净。吸一口清芬干爽的空气，甜津津的，叫人鼻孔发痒。看一看吧，山茶花开着，杜鹃花开着，玉兰花开着，月季花开着，连叶子花也开着！花丛中不时飞起的蝴蝶、蜜蜂，搅乱了丝丝阳光……

突然，翠湖亮洁的水面，玉带般绕城流过的盘龙江清碧的水面，飘落一片银色的瀑布！是雪花吗？昆明人太喜欢雪花了。你看小学生们仰着脸，盼望雪花亲吻他们红扑扑的脸蛋的情景是多么动人。昆明的冬天，偶尔也会下场雪，飘几片雪花，好给昆明人一种喜悦，一种新鲜，给嘻嘻哈哈忙着照相的男男女女，留下几个珍贵的雪景镜头。而此刻，和阳光一起飘落的银色瀑布，当然不是雪花。昆明人的脸上绽开明媚的笑容了。那和雪花一样，甚至比雪花还使他们兴奋，使他们动情的，是红嘴鸥，是从北方飞到春城昆明过冬的红嘴鸥！说来已经有好几年了，红嘴鸥总在冬天飞来，用欢快的鸣叫，赞美昆明的温暖；用银亮的飞翔，擦拭瓷器般的蓝天……昆明，确乎因为红嘴鸥的光临而更富魅力了。然而，红嘴鸥带给这座城市的，远不止是奇美的景观。它带给昆明人多少美好的感情啊！

我想起一只红嘴鸥来。那是几年前红嘴鸥第一次飞临昆明的时候。不知来自何方的成千上万的红嘴鸥，雪花一样，银子一样，突然间翔集于阳光亮丽的昆明，啾啾鸣叫，穿梭翻飞在盘龙江和翠湖。人们起初惊恐，接着惊奇、惊喜！可有人脑子一转，想到这是千载难逢的生财之机。他们用昆明土话称红嘴鸥为“水鸽子”，明目张胆地捕杀这些鸟儿，想象着红烧、油炸，摆一个“水鸽子”摊子……骑车经过得胜桥那天，我看见一只被人用气枪击中的红嘴鸥。它落在水面上，拍打着受伤的翅膀，殷殷鲜血染红了洁白的羽毛，染红了一片冰凉的河水。它没有鸣叫，倒是围着它飞翔的、不忍离去的同伴，发出了痛苦的哀鸣。很多人都在桥上看着。就在持枪者拎着网兜走到河边，准备打捞他的猎获物的时候，人群中突然爆发了愤怒的吼声：“混蛋！”“不要脸！”“残忍的家伙！”人们用诅咒的枪弹向他射击。那人惶恐了，用网兜掩着脸逃走了。那只红嘴鸥呢，已经无力扇动翅膀，它动了动脖颈，向桥上的人们看了最后一眼。它死了。河水漂载着它穿过桥洞，人们从桥这边奔到桥那边，目送它远去。一个小男孩哭了。

是不是这只红嘴鸥的死，唤起了人们的良知？我不知道。但是，就在这只鸟儿死后不久，市政府发布了保护红嘴鸥的布告。这是一张爱的布告，它贴在人们的心上。红嘴鸥一时成了昆明的“小天使”，凝聚了昆明人的爱。记得有一天气温突然下降，久违了的雪花竟纷纷扬扬飘洒起来。盘龙江畔，得胜桥头，鸥鸟和雪花一起飞舞。这时候，许多老人，围着红围巾、戴着风雪帽的姑娘，哈出一团团热气的小伙子，还有刚刚放学的中学生、小学生，甚至是值勤的民警都纷纷拥到江岸，挤到桥头，不是欣赏鸥鸟与雪花洁白的舞姿，而是把面包和馒头的碎片，把昆明人的爱和温柔，撒给风雪中的红嘴鸥！在同样的地点，前些天还有人打死红嘴鸥；而现在，人们却在喂红嘴鸥！爱的力量胜过了枪弹。而爱，使昆明人变得这样可爱，这样美好！我推着车，看着这一切，一任凌乱的雪花在热烘烘的脸上融化，融化……

是的，人世间有爱，有温暖，有友谊；也有和爱和温暖和友谊相对立的邪恶、痛苦、残忍与血泪。追寻美好的理想，追寻爱、温暖和友谊，免不了要和丑恶、残忍，以及痛苦作斗争，甚至要付出血和生命。不用说，那只红嘴鸥也是为寻求爱、寻求温暖而死的。它给无知的人们以教训。此刻，当它的同伴们像银色瀑布一样如期飞临春城昆明的时候，当它的同伴们在盘龙江、翠湖和滇池自由飞翔、悠然戏水的时候，我不能不默默地凭吊它。它赢得了人们的爱，赢得了同伴们欢乐的时刻。它是一只勇敢的鸟儿。

呵，昆明的冬天是温暖的。

我的小马

吴 然

/ 导读赏析 /

如果有一匹小马成为你的好朋友，是不是很让人羡慕？瞧，它还会臭美、撒娇、挤眉弄眼呢，和好朋友在一起别提有多开心啦！

戴上花冠，丹丹更漂亮了。

丹丹是匹小马，是我的小马。它是我家枣红马生的。

那时候，冬天刚过去。从玉龙雪山吹来的雪风，还很冷。丹丹的四条小腿直打颤，毛乎乎的身子紧紧挨着枣红马。我想去抱抱它，枣红马老用身子挡着。它太温顺了，胆子小得不敢离开妈妈一步。

真正的春天来了！玉龙雪山明朗的笑脸，在蓝天下闪闪发光。从山上流下来的小溪，欢快地走过村前的草滩。溪水里漂着杜鹃花、杏花和梨花的花瓣。鲜嫩的牧草，鲜嫩的野花，太阳的温暖，草滩的芬芳，使丹丹大吃一惊！它嗅着牧草和野花的香味，鼻翼痒痒地抖动着。枣红马用头推着它，鼓励它去奔跑。

丹丹怯生生地离开妈妈，用鼻子轻轻地嗅触嫩草和野花。突然，一朵粉白小花飞了起来，吓它一跳。原来是一只蝴蝶。接着又飞来几只黄蝴蝶和花蝴蝶。它们围着丹丹忽上忽下、忽前忽后、忽左忽右地飞舞着，丹丹高兴极了。

夏天还没有过完，丹丹就长大了许多。你看它，通身像暗红缎子一样光滑、柔软、发亮；一双眼睛宝石般清澈、明净、美丽，简直是马族中的小王子呵！

丹丹成了我的好朋友，也是苏朗、木嘎、山梅的好朋友。放了学，我们就和丹丹在草滩上玩耍。

我们喜欢打扮丹丹。

采来野花，编成花冠，我们给丹丹戴在头上。还把一些花串披挂在它的脖子上，拴系在它的尾巴上。我们把它牵到溪边。它从溪水里看着自己的影子，故意撒娇，挤眉弄眼；傻乎乎地摇晃脑袋，逗得我们哈哈大笑。呵，当丹丹驮着我们的书包，在晚霞里走回家的时候，我们别提有多快乐了！

刺猬的春天和秋天

徐　鲁

/ 导读赏析 /

刺猬在冬天时会冬眠，每到冬天来临前，它会为自己储备很多过冬的食物，因此秋天是它最忙碌的时候。等到漫长的冬季过去，崭新的春天会带给小刺猬无限的惊喜，它会在春光明媚中去寻找自己的伴侣，开启一段新的人生。

刺猬从自己的窝里爬出来，就像背着一个外面扎满针芒的小包袱。

它悄悄地向山野走去。山野上的果子红了，有的已经熟透了。聪明的小刺猬也许会这样想：冬天就要来了，可不能再贪玩了，应该趁着这样的好天气，提前去准备过冬的食物啦！

于是，它采来红红的山楂、野枣，还有一些小浆果。它用满身的针刺扎住它们，一趟趟地往家里运送着。它想，多准备一些总是好的，就是浆果一时吃不完，发点酵也没关系，因为那样吃起来也许还会有点酸牛乳的味道呢。

它把过冬的食物准备得那么充足。当它忙忙碌碌地干完了这一切，才心情轻松地想道：好了，这下可以放心地、美美地睡上一觉了呀！

等到漫长的冬天过去以后，小刺猬才重新从洞里走出来。不过这时候，外面的世界又有了新的变化，迎接它的是又一个崭新的春天了。

刺猬在生活中也会遇到许多艰难和意外。不过，对付这些艰难和意外，它有自己的办法。例如，一旦听到了猎人的枪声，或者遇到什么敌手的时候，大多数动物都会吓得四处逃散，可是，刺猬却一点也不惊慌。只要听到可怕的声音，或者遇到了什么危险，小刺猬就会立刻团成一个带刺的“小球”，浑身的针刺都朝外耸立着。这时候，就连狡猾的狐狸也拿这个带刺的“小球”没有办法，无处下口。一直等到危险过去，小刺猬才会慢慢地伸展开身子，又变成温顺和自由自在的样子了。

刺猬浑身的硬刺当然不仅仅只是用来保护自己，避免受到其他动物的侵袭和伤害，它还可以用它们来当皮衣服遮风挡雨呢。当冰凉的雨水浇下来时，刺猬的针刺可以像蓑衣一样挡住雨水。

刺猬的小窝，一般都在土洞里、树根下或灌木林中的枯叶堆下。如果你在野外的草丛里或叶堆下，突然看见了一只小刺猬，可要记住，千万不能忙着去对它动手动脚的，因为它很可能会非常不友好地刺你几下子呢。

鹰之歌

徐 鲁

/ 导读赏析 /

鹰被人类赋予的象征意义有很多，鹰眼锐利，人们赋予其智慧的象征；鹰搏击长空，人们赋予其热血的象征；鹰爪捕捉猎物，人们赋予其勇猛，认准目标、争取胜利的象征。

小时候在老家，见过一些养鹰人和他们驯养的鹰。

人们养鹰是为了让它捕捉野兔。养鹰，先要“熬”它，去掉它的野性。熬鹰之前，先得把鹰饿上几天，不喂它东西。然后用带筋的牛肉在油里炸了，外面再用麻线缠紧。鹰饿极了，见到牛肉，一口就吞下去。但油炸的牛肉哪能那么容易消化呀！何况外面还留着一节细麻线呢。熬鹰的人把麻线一拉，就把牛肉给拉了出来。一连几次，鹰肚子里的油都被拉光了，而鹰的野性也就去掉了。

再接下去就是熬鹰。熬，就是不让鹰睡觉。把鹰架在胳膊上，或让它站在一个悬空的秋千架上，鹰刚一闭眼，正要迷糊一下，熬鹰人就把胳膊一抬，或把秋千架一晃，鹰就又睡不成觉啦。这样要反复熬上几夜呢！一个人熬鹰是吃不消的，得两三个人轮流着熬。

为什么要熬它呢？因为鹰想睡觉，你不让它睡，它就会变得非常烦躁不安，这样它一旦见到了奔跑的野兔，才肯去逮。相反，如果让它吃得饱饱的，睡得好好的，它就不愿动弹了。

熬上了几天几夜之后，鹰的野性就完全去掉了。这时候，养鹰人就可以架鹰出猎了。

出猎时，还要给鹰套上一顶小帽子，遮住它的双眼。到了野外，一摘鹰帽，鹰的眼前忽然一亮，四野宽阔，鹰的精神就会为之一振。鹰撒出去后，一旦看见地上飞跑的野兔，便会迫不及待地疾飞下去，一下子就把兔子抓住啦！

——现在想来，人类对待老鹰的方法，真是太粗暴、太不公平了！

鹰是鸟类中飞得最快和最高的大鸟。鹰一般以捕捉到的田鼠、野兔、小鸟、青蛙为食。秋天是老鹰捕捉猎物最好的季节，因为这时候草枯了，叶落了，许多小动物往往找不到躲藏的地方，而在高空中飞翔的老鹰，正可以把地上的一切看得清清楚楚。

如果你仔细观察，还会发现，老鹰（还有一些别的鸟儿）在飞翔时，总是把双脚紧紧地收在肚子下面。原来，这样才能既省力气，又飞得快捷。老鹰把双脚收到肚子下面，肚子下面的空气就可以很流畅地通过，空气的阻力就减少了，飞起来也就比较省力了。诗人雨果曾赞美说：“鹰，就是才华。”看来这话一点也不夸张。

我们看到，飞机升起在天上时，也会把轮子收起来，以便减少空气的阻力，这个办法就是人类从老鹰那里学来的。

法国大作家雨果曾经赞美说：“鹰，就是才华。”很多年前，我也写过一首短诗《鹰之歌》，献给了我所敬仰的心志高远的雄鹰——

不在雷电中飞翔的雄鹰，
唱不出真正的鹰之歌。
栅栏里的马儿不懂得，
大草原的壮美与辽阔。

高高地飞吧！勇敢的鹰，
穿过暴风雨去接近太阳。
你的翅膀将比暴风雨更雄健，
你的信念将比黎明更辉煌！

小试牛刀

1. 从文中找出下列词语的反义词。
   清醒（　　）　平静（　　）　温柔（　　）
2. 猜猜下面字谜的答案。
   鹰鸟飞去一点不见（　　）

答案：
1. 迷糊　烦躁　粗暴
2. 雁

海燕

[苏联] 高尔基

/ 作者简介 /

高尔基 / 1868—1936

苏联著名作家，在俄国两次革命之间和十月革命后，高尔基完成了自传体三部曲《童年》《在人间》和《我的大学》，既表现了自己的人生经历，也反映了俄国一代劳动者的成长道路。

在苍茫的大海上，狂风卷集着乌云。在乌云和大海之间，海燕像黑色的闪电，在高傲地飞翔。

一会儿翅膀碰着波浪，一会儿箭一般地直冲向乌云，它叫喊着，——就在这鸟儿勇敢的叫喊声里，乌云听出了欢乐。

在这叫喊声里——充满着对暴风雨的渴望！在这叫喊声里，乌云听出了愤怒的力量、热情的火焰和胜利的信心。

海鸥在暴风雨到来之前呻吟着，——呻吟着，它们在大海上面飞窜，想把自己对暴风雨的恐惧，掩藏到大海深处。

海鸭也在呻吟着，——它们这些海鸭啊，享受不了生活的战斗的欢乐：轰隆隆的雷声就把它们吓坏了。

愚笨的企鹅，胆怯地把肥胖的身体躲藏在悬崖底下……只有那高傲的海燕，勇敢地，自由自在地，在泛起白沫的大海上飞翔！

乌云越来越暗，越来越低，向海面直压下来，而波浪一边歌唱，一边冲向高空，去迎接那雷声。

雷声轰响。波浪在愤怒的飞沫中呼叫，跟狂风争鸣。看吧，狂风紧紧抱起一层层巨浪，恶狠狠地把它们甩到悬崖上，把这大块的翡翠摔成尘雾和碎沫。

海燕叫喊着，飞翔着，像黑色的闪电，箭一般地穿过乌云，翅膀掠起波浪的飞沫。

看吧，它飞舞着，像个精灵，——高傲的、黑色的暴风雨的精灵，——它在大笑，它又在号叫……它笑那些乌云，它因为欢乐而号叫！

这个敏感的精灵——它从雷声的震怒里，早就听出了困乏，它深信，乌云遮不住太阳，——是的，遮不住的！

狂风吼叫……雷声轰响……

一堆堆乌云，像青色的火焰，在无底的大海上燃烧。大海抓住闪电的箭光，把它们熄灭在自己的深渊里。这些闪电的影子，活像一条条火蛇，在大海里蜿蜒游动，一晃就消失了。

——暴风雨！暴风雨就要来啦！

这是勇敢的海燕，在怒吼的大海上，在闪电中间，高傲地飞翔；这是胜利的预言家在叫喊：

——让暴风雨来得更猛烈些吧！

（戈宝权　译）

第六辑

时光老人的礼物

Chapter 6

篇章序

“流光容易把人抛，红了樱桃，绿了芭蕉。”时光总在不经意间流逝，谁也无法阻挡时光的脚步，于是，有对蹉跎时光的愤懑，有对时光无情的怨恨，更有对时光易逝的珍惜和对时光公平的慨叹。是啊，最好的时光便是现在，何不去拼搏和挑战，我们的人生，自己永远都是主角，一定会收获时间老人带来的礼物。彼时当年少，莫负好时光。

匆匆

朱自清

导读赏析

“匆匆”二字一方面点出了时间的转瞬即逝，一方面表达了作者无奈而又惋惜的心境。面对时间，作者告诫自己，一定要走自己的人生之路，也许前方充满坎坷，但依然要勇敢向前。

燕子去了，有再来的时候；杨柳枯了，有再青的时候；桃花谢了，有再开的时候。但是，聪明的，你告诉我，我们的日子为什么一去不复返呢？——是有人偷了他们吧：那是谁？又藏在何处呢？是他们自己逃走了吧：现在又到了哪里呢？

我不知道他们给了我多少日子，但我的手确乎是渐渐空虚了。在默默里算着，八千多日子已经从我手中溜去，像针尖上一滴水滴在大海里，我的日子滴在时间的流里，没有声音，也没有影子。我不禁头涔涔而泪潸潸了。

去的尽管去了，来的尽管来着，去来的中间，又怎样地匆匆呢？早上我起来的时候，小屋里射进两三方斜斜的太阳。太阳他有脚啊，轻轻悄悄地挪移了；我也茫茫然跟着旋转。于是——洗手的时候，日子从水盆里过去；吃饭的时候，日子从饭碗里过去；默默时，便从凝然的双眼前过去。我觉察他去得匆匆了，伸出手遮挽时，他又从遮挽着的手边过去；天黑时，我躺在床上，他便伶伶俐俐地从我身上跨过，从我脚边飞去了；等我睁开眼和太阳再见，这算又溜走了一日；我掩面叹息，但是新来的日子的影儿又开始在叹息里闪过了。

在逃去如飞的日子里，在千门万户的世界里的我能做些什么呢？只有徘徊罢了，只有匆匆罢了。在八千多日的匆匆里，除徘徊外，又剩些什么呢？过去的日子如轻烟，被微风吹散了，如薄雾，被初阳蒸融了。我留着些什么痕迹呢？我何曾留着像游丝样的痕迹呢？我赤裸裸来到这世界，转眼间也将赤裸裸的回去吧？但不能平的，为什么偏要白白走这一遭啊？

你聪明的，告诉我，我们的日子为什么一去不复返呢？

小试牛刀

1. 文章开头第一自然段写了哪些自然现象？
2. “过去的日子如轻烟，被微风吹散了，如薄雾，被初阳蒸融了” 运用了哪种修辞手法，请选出来（　　）

   A.比喻　　B.拟人　　C.对比

答案：
1. 燕子去了又来，杨柳枯了又青，桃花谢了又开。
2. A

总是难忘

（节选）

……苏　叶……

/ 作者简介 /

苏叶

1989年毕业于南京大学中文系作家班。著有散文集《总是难忘》《苏叶散文自选集》。

六二年夏天，我考中学。发榜的时候，知道自己被录取在南京四中。

四中在当时是一个三等学校，而我住的那个大院，教授、副教授的儿子们，女儿们，几乎都被市内各名牌中学点中。那几天，他们的脸陡然添了一重小大人的矜持神色，仿佛打过了金印，便要自尊自贵起来。当时，满院的蔷薇开得正好，红红白白，颤颤巍巍，一蓬一蓬的，热闹得不分贵贱好丑。和蔷薇一起长大的孩子，却从此有了高低间的距离，有少数几个没考上重点学校的千金，躲在家里哭，走在太阳底下，脸上讪讪的。我可不。我觉得自己没刷去上“民办”已是幸运。我学习语文历史，吹点牛，可以说轻松得如拣鸿毛；可是对于加减乘除开平方之类，实在感到重比泰山。从湖南迁来南京，我缺了半年的课。文不成问题，原先就不扎实的数学基础则彻底地崩溃下来。我又有一大帮大院外的同学。她们是剃头匠、保姆、修钟表和卖咸菜的人家的女儿。天天和她们混在一起，我逃学，旷课，撒谎，闹课堂，偷毛桃、桑椹，挖野菜，抄作业……练就了全挂子本事，从中得到无穷的放肆与快乐，再不觉得天下“唯有读书高”，学业只是一日一日地混着，所以，我能上四中，已很知足。

我当时并不知道四中的可贵，只是诧异：

南京历来被称为龙蟠虎踞的帝王之地，而四中所在的那条巷子偏偏就叫龙蟠里，与龙蟠里对口相望，逶迤而去的那道坡，竟叫虎踞关。窄小的街道，其实并无王气可言，但是在一两处高墙里，深院中，有褪了色的雕梁画栋。翘翘的飞檐，挂着一两个青绿色的风铃，使人觉得这里或许真有些古时候的来历。每次路过那紧闭的木门，忍不住要拍那锈了的铜环，再贴着门缝张了一只眼向里窥望。但见石板缝中寂寂青草，但见软软的蛛网，在朱颜剥落的廊柱间随风摆动。冷不防后面同学拍一下肩，鬼喊一声：“狐狸精出来罗！”我们便尖叫着飞奔而去，任凭书包里的铁壳铅笔盒，像一颗狂乱的心脏，一阵乱响。

进四中校门，迎面一座碧螺样的土坡，坡不高，遍植桑槐，取名叫菠萝。站在菠萝山上向前看，有一口乌龙潭，潭边杨柳依依，傍着四中礼堂的围墙。如果手搭桑树向左一望，发现清凉山扫叶楼劈面而站。清凉山五代十国时就有了名气。山上大树很多，一到夏季，碧荫侵人。据说南唐后主李煜一听蝉儿开叫，便要避到这里，遍拍栏杆。后来，清初著名画家龚贤在这里造了扫叶楼，隐居起来。至今楼台清俊、花木扶疏。清凉山上有尼姑，每日弄些素菜斋面供应游人。在一株古树上，吊着口大钟。我们放学以后，常常翻过菠萝山，直奔清凉寺，拽住那大钟的粗麻绳一顿乱撞，撞得人心惶乱，行人伫足，撞得树林沟壑荒、荒、荒、荒响起告急似的回声，直撞得老尼姑跳出山门拍起巴掌高声骂娘，连素带荤的脏话，一把一把地扯将出来，而我们早已笑弯了腰，四散奔逃了。站在远处，看着斜阳渐渐浸红了扫叶楼的粉墙，听着老尼沙哑的喉咙变成一串模糊的余音，在鸟雀啾鸣的山林间悠悠回荡，心就静了。这时候，如果兴致好，我们便爬上更高的山头。只见眼下横着一列古老的城墙，几个打赤脚的孩子敞着衣襟在城墙上放风筝。云霞斑斓，浑耀着三国东吴时留下来的石头城。外秦淮河在这里温柔地转了一个弯，卸却了千百年的粉黛香脂，清清地，在夹岸的菜花和稻麦伴送下，缓缓流去。而长江卧在迷濛的天际下，壮阔浊黄的江水，筛滤过千古风流人物，消磨了多少英雄豪杰？显得又浑重，又辽阔。

当天地间第一颗灯火跳亮了的时候，我们知道非走不可了，从地上拖起沾了草香的书包，在变得幽暗的树林间，踩动碎石，结伴回家。下了清凉山就疯跑，怕那边火葬场的阴死鬼来抓人。直到暮色中背后那焚尸的巨大烟囱看不清了，才减缓了步子。然后在乌龙潭的垂柳边，向漆黑的潭水丢几块石子，听个响声，这才路过工人医院，肺结核病院，精神病院往回走。偶尔停下步子，看一行病亡人的家属悲啼着走过。再穿过随家仓——清朝大才子袁枚的领地，回我的大院去。

节气是一种命令

毕淑敏

/ 导读赏析 /

一岁四时，春夏秋冬各三个月，每月两个节气，一共二十四节气，每个节气均有其独特的含义。作者从平常的买菜及讨教菜农一事入文，由蔬菜的生长转向人生成长的论述，从生活小事过渡到人生哲理，传达出我们要像执行命令一样遵循自然规律行事。

夏初，买菜。老人对我说，买我的吧。看他的菜摊，好似堆积着银粉色的乒乓球，西红柿摞成金字塔样。拿起一个，柿蒂部羽毛状的绿色，很坚硬地硌着我的手。我说，这么小啊，还青，远没有冬天时我吃的西红柿好呢。

老人很明显地不悦了，说，冬天的西红柿算什么西红柿呢？分明是吃药啊。我很惊奇，说怎么是吃药呢？它们又大又红，灯笼一般美丽啊。老人说，那是温室里做出来的，先用炉火烤，再用药熏。让它们变得不合规矩的胖大，用保青剂或是保红剂，让它们比画的还要好看。人里面有汉奸，西红柿里头也有奸细。冬天的西红柿就是这种假货。

我惭愧了。多年以来，被蔬菜中的骗局所蒙蔽。那吃什么菜好呢？我虚心讨教。老人的生意很清淡，乐得教诲我。口中吐钉一般说道——记着，永远吃正当节令的菜。萝卜下来就吃萝卜，白菜下来就吃白菜。节令节令，节气就是令啊！夏至那天，太阳一定最长。冬至那天，阳光一定最短。你能不信吗？不信不行。你是冬眠的狗熊，到了惊蛰，一定会醒来。你是一条长虫，冷了就得冻僵，会变得像拐棍一样不能弯曲。人不能心贪，你用了种种的计策，在冬天里，抢先吃了只有夏天才长的菜，夏天到了，怎么办呢？再吃冬天的菜吗？颠了个儿，你费尽心机，不还是整个瞎忙活吗？别心急，慢慢等着吧，一年四季的菜，你都能吃到。更不要说，只有野地里，被风吹绿的菜叶，太阳晒红的果子，才是最有味道的。

我买了老人家的西红柿，慢慢地向家走。他的西红柿虽是露地长的，质量还有推敲的必要。但他的话，浸着一种晚风的爽凉，久久伴着我。阳光斜射在网兜上，那略带柔软的银粉色，被勒割出精致的纹路，好像一副生长的印谱。

人生也是有节气的啊！春天到了就做春天的事情，去播种。秋天就做秋天的事情，去收获。夏天游水，冬天堆雪。快乐的时候欢笑，悲痛的时分洒泪。

少年需率真。过于老成，好比是用了植物催熟剂，早早定型，抢先上市，或许能卖个好价钱，但植株不会高大，叶片不会密匝，从根本上说，该归入早夭的一列。老年太轻狂，好似理智的幼稚症，让人疑心脑幕的某一部分让岁月的虫蛀了，连缀不起精彩的长卷，包裹不住漫长的人生。

世上有句话——您看起来比实际的岁数年轻，听的人把它当作一种恭维或是赞美，说的人把它当作万灵的廉价礼物。我总猜测这句话的背后，缩着上帝的一张笑脸。

比实际的年龄年轻，就分明是好的，美的，值得庆贺的吗？

小的人希冀长大，老的人期望年轻。这种希望变更的子午线，究竟坐落在哪一扇生日的年轮？与其费尽心机地寻找秘诀，不如退而结网，锻造出心灵与年龄同步的舞蹈。

老是走向死亡的阶梯，但年轻也是临终一跃前长长的助跑。五十步笑百步，不必有过多的惆怅或是优越。年轻年老都是生命的流程，不必厚此薄彼，显出对某道工序的青睐或是鄙弃，那是对造物的大不敬，是一种浅薄而愚蠢的势利。人们可以濡养肌体的青春，但不要忘记心灵的疲倦。

死亡是生命最后的成长过程，有如银粉色的西红柿被摘下以后，在夕阳中渐渐地蔓延成浓烈的红色。此刻你只有相信，每一颗西红柿里都预设了一个机关，坚定不移地服从节气的指挥。

小试牛刀

1. 从文中第一自然段可以看出老人的西红柿有什么样的特点？

____

2. 说说你知道的节气名（三个即可）。

____

答案：
1. 小而青
2. 立春　雨水　小满

“我羡慕你”

毕淑敏

/ 导读赏析 /

小孩子羡慕大人，可以想做什么就做什么；大人们羡慕孩子，可以什么都不用想，什么都不用做。在自己的角度上考虑事情，我们也许都会羡慕别人；换一个角度想想，也许你正在被别人羡慕着。

我是从哪一天开始老的？不知道。就像从夏到秋，人们只觉得天气一天一天凉了，却说不出秋天究竟是哪一天来到的。生命的“立秋”是从哪一个生日开始的？不知道。青年的年龄上限不断提高，我有时觉得那都是上了年纪的人玩出的花样，为掩饰自己的衰老，便总说别人年轻。

不管怎么样，我觉得自己老了。当别人问我年龄的时候，我支支吾吾地反问一句：“您看我有多大了？”佯装的镇定当中，希望别人说出的数字要较我实际年龄稍小一些。倘若人家说的过小了，又暗暗怀疑那人是否在成心奚落。我开始越来越多地照镜子。小说中常说年轻的姑娘们最爱照镜子，其实那是不正确的。年轻人不必照镜子，世人羡慕他们的目光就是镜子，真正开始细细端详自己容貌的是青春将逝的人们。于是，我把所有的精力放在孩子身上。记得一个秋天的早晨，刚下夜班的我强打精神，带着儿子去公园。儿子在铺满卵石的小路上走着，他踩着甬路旁镶着的花砖一蹦一跳地向前跑，将我越甩越远。“走中间的平路！”我大声地对他呼喊。

“不！妈妈！我喜欢……”他头也不回地答道。

我蓦地站住了，这句话是那样熟悉。曾几何时，我也这样对自己的妈妈说过：“我喜欢在不平坦的路上行走。”这一切过去得多么快呀！从哪一天开始，我行动的步伐开始减慢，我越来越多地抱怨起路的不平了呢？这是衰老确凿无疑的证据。岁月不可逆转，我不会再年轻了。“孩子，我羡慕你！”我吓了一跳。这是实实在在的声音，从我身后传来，说得很缓慢，好像我的大脑变成一块电视屏幕，任何人都能读出上面的字幕。

我转过身。身后是一位老年妇女，周围再没有其他人。这么说，是她羡慕我。我仔细打量着她，头发花白，衣着普通。但她有一种气质，虽说身材瘦小，却有一种令人仰视的感觉。我疑惑地看着她，我不知道自己有什么值得人羡慕的地方——一个工厂里刚下夜班满脸疲惫之色的女人。

“是的。我羡慕你的年纪，你们的年纪。”她用手指轻轻点了点，将远处我儿子越来越小的身影也括了进去，“我愿意用我所获得过的一切，来换你现在的年纪”。我至今不知道她是谁，不知道她曾经获得过的那一切都是些什么，但我感谢她让我看到了自己拥有的财富。我们常常过多地注视别人，而自己在不知不觉中失去了最宝贵的东西。

人的生命是一根链条，永远有比你年轻的孩子和比你年迈的老人，我们每个人都有自己的位置，有一宗谁也掠夺不去的财宝。不要计较何时年轻，何时年老。只要我们生存一天，青春的财富就闪闪发光。能够遮蔽它的光芒的暗夜只有一种，那就是你自以为已经衰老。

年轻的朋友，不要去羡慕别人。要记住人们在羡慕我们！

小鸟和守林老人

吴　然

导读赏析

守林老人其实并没有远走，他的爱永远地留在了这片森林里；鸟儿想念老人，成千上万的鸟儿，在林中小屋上盘旋，哀鸣。这份爱也被时间写入了岁月的年轮里。

树林里来了一位老人。

起初，鸟儿们非常惊诧：怎么来了个白胡子老头？是捕鸟的吧？打猎的吧？不像。带了一条黑狗，可没带猎枪。老人在树林里盖了一幢小屋，住下了。

奇怪，鸟儿们用晶亮的小眼睛彼此询问着，用它们鸟国的语言争论着。

不过，很快，鸟儿们就发现，他是一个好老头，是它们天堂的保护神。

那天，来了一伙偷砍树木的人。老人带着黑狗，叫喊着去阻拦利斧的挥舞。激烈的争吵，黑狗的狂吠，老人展开一张布告，那伙人虽然还在吼叫，但他们终于发现，老人是一尊真正的山神。他们低下了头。

那伙人走了，老人轻轻抚摸受伤的树干，抚摸流出树脂的伤痕，又拾起从树枝上震落的鸟窝，轻轻地安放在树枝上……

老人取得了鸟儿们的信任，鸟儿们认定他是一个“好人”！

老人走动在浓密的树荫里。白发满头，是一朵硕大的蒲公英，是一盏明亮的神灯啊！

鸟儿们开始拜访老人的小屋。

唧唧，喳喳，翻译出来是：“您好！您好！”

老人笑着，用饭粒和爱抚招待他的客人。一只大胆的蓝色小鸟，衔着一颗草莓停落在老人肩上，老人伸出手接住了这珍贵的馈赠。接着，又是一颗，又是一颗……

这一夜老人睡得很好。

时间在树叶上写了许多故事，许多故事深深地嵌入了树的年轮。

老人开始和每一只小鸟，每一棵树告别。

敏感的鸟儿知道，已经很老的老人，一定是要走了。

林中的小屋没有升起炊烟的那天，鸟儿们知道老人走了。树林里又寂静又暗淡的一天呵。

谁也没邀约谁，鸟儿们都来了。成千上万的鸟儿，在林中小屋上盘旋，哀鸣。整座山林都在摇晃，树叶和树枝轻轻拂动。

鸟儿们衔来无数的花瓣，无数的绿叶。伴着阳光，树林里下了一场花瓣雨，绿叶雨。飘落的花瓣和绿叶呵，掩盖了林中小屋……

校园短笛

徐　鲁

/ 导读赏析 /

美丽的校园生活总是令人难忘，那里有老师和同学，有童年与友谊，还有勇气与力量。时光的长廊里，总有惊喜等着我们，最终孕育成新的希望。

晚会之花

和我的红领巾放在一起的，是一朵蓝色的小花。

静默的，那么鲜艳的花朵，常常让我想起过去的快乐。

那是一朵小小的绢花，一朵晚会之花。

一个彩色的小信封，把那朵小花和一句祝福的诗赠给了我。红色的纸条上，写着一个美丽的女孩子的名字。

那是我们初中时代的最后一个夜晚。星空下飘着我们深情祝福的歌。

晚会结束了，她去了远方。我也悄悄地珍藏起她留下的那朵蓝色小花，像珍藏起许多美好的事物一样。

从那时起，我们便毅然地踏进了新的人生阶段，用我们年轻的热情和力量，一个一个地去实现我们的理想。

后来，每当我遇到了烦恼和忧伤，或者是在一些小小的成功的快乐面前，我总会悄悄地找出那朵蓝色的晚会之花。

仿佛她就是那个微笑着的女孩。

既给我温暖的回忆，又给我新的力量和新的希望。

生命是一棵美丽的树

生命是一棵美丽的树。

生命的树上摇动着无数绿叶般的日子。

我们珍惜着生命，尤其要珍惜这生命的春天。因为，我们正是属于这烂漫的春天的。

我们正怀着这个美好的愿望在春天的道路上走着。

和鲜花一起，和白云一起，和远山与河流一起……

我们是携着手一同往前走的。

而且，我们还悄悄地歌唱着童年与友谊，歌唱着校园和老师，歌唱着花与果实，也歌唱着我们的祖国和大地母亲。

我相信，会有那么一天，我们将真正地长大，像一棵棵最美丽的、最有生命力的树一样。

那时候，我们的树上的每一片叶子，都将因为我们的爱与追求，而变得绯红。

告别母校的时刻

雨，静静地落着……

落在静默的白杨树叶上。

落在足球场青青的草地上。

落在老校长门前新植的冬青树上。

落在我们天天走过的、从校园延伸出去的每一条小路上……

雨淋湿了我们美丽的头发、美丽的笑容。

雨淋湿了我们依恋的声音、依恋的歌。

但是不要怕啊，朋友们，这雨是翠绿的夏天的雨；这雨是送别的雨，润我们的心田，壮我们的行色……

雨将送来一个更加晴朗的天空。

雨将送来一片开满鲜花的原野。

相信吧，同学们，这雨是细细密密的充满温情的雨。

这雨将以闪闪的绿色招引着我们，在生活中，快乐地向前！

温暖的声音

每当我在生活的道路上遇到烦恼、感到消沉的时候，我就会听见许多神秘的声音，在看不见的地方，轻轻地呼唤着我。

那么遥远，又那么亲近和亲切……

好像是从放学的小路尽头传来的妈妈的声音；

好像是从雨夜里的小河对岸传来的老师的声音；

也好像是远去他乡的童年时的小伙伴们的声音……

一声声，又一声声，回响在我的耳边，那么轻柔，那么熟悉和温暖。

最美丽的花环

我知道，我的日子并不属于我。

我知道，你的日子也并不属于你。

我把我所有的日子交给你，而你会交给另外的人。

我知道，我没有让我的日子像树叶一样任意凋落。

我知道，我正在用金色的丝线，把我的每一个日子一片一片地串起来。

我将串成一个最美丽的花环。

我知道，有一天你们会替我把它悄悄地献给亲爱的祖国。

黎明的声音

每天我都能听到黎明的声音。

那是鲜亮的露水与草叶渗透的声音，是从绿色的雾气里飘出的湿漉漉的声音。那是像小小的草芽儿一样微弱而娇嫩的、却又满怀着生长的渴望，显示着巨大生机的声音。那是偶尔还夹带着一两声清脆的鸟鸣，像绿叶上的水珠一样纯净而朗润的声音。那又是浸染着一些不知名的小野花的馨香，不知不觉便熏染了人们的记忆与情感的声音……

每天清晨，我都听见那声音。

那声音，其实是一个刚刚开始学会朗读的小女孩，每天清晨在对面的小竹林边，用优美的普通话朗读的声音。

那声音，总让我觉得，这是我们正在生长着的理想与希望的声音。

那声音，又一声声地仿佛在提醒着我，好好地去保护她们的欢乐和幸福，不让她们受到任何伤害的美丽的责任。

留在石头上的记忆

张庆和

/ 作者简介 /

张庆和

作家、诗人，他的散文多以抒情为主，文笔洗练，语言优美，常以写意的表现手法，描摹大千世界的万水千山，书写缤纷多彩的社会生活。

这是中国抗战史上的一个痛穴，位置就在“歌唱二小放牛郎”歌词所唱王二小牺牲的地方。当目光触摸着大石头上那摊酱紫色的血痕，心灵深处不由迸发出一种难以忍受的疼痛。

怎么能不疼痛呢！孩子牺牲时毕竟才只有十三岁呀！

十三岁，正值年少，天性活泼，会让我们立即想到自己的晚辈。他应该在父母的呵护下，坐在教室里，听老师讲天文、讲地理、讲今古人事，或者与同学与玩伴于校园内外快乐地嬉戏玩耍。可二小家穷啊，穷得无房无地，一家人只能住冰冷的山洞，他也只好跟着爸爸靠给有钱人家放牛过活。后来，他爸爸妈妈又因病无钱医治，相继离世，二小成了形单影只的孤儿，并且继承了他爸爸唯一的遗产——放牛鞭，小小年纪就做起了放牛娃。

位卑未敢忘忧国呀。这中华民族数千年遗传下来的优秀基因，也同样注入了王二小稚嫩的血液，滋养了他幼小的心灵——在那个狭小的地段，他以智慧和勇敢上演了一场“一个人”的“抗战”。那一摊酱紫色的血痕，据说，就是当日本兵发现上当后，用刺刀挑起王二小摔死在大石头上后流出的鲜血洇成。后来，尽管岁月流逝，风浸雨洗，那血痕却从未消迹，就镌刻般永远地留在了这里。

这血痕是天地的记忆，是对凶残和暴行的控诉，也是留在中华民族苦难史页里的一笔血债！

多么悲惨而又悲壮的一幕啊！望着那摊酱紫色血痕，我的心在颤抖，在哭泣，同时也禁不住地在追问：

当年那个用刺刀挑起王二小狠狠摔死在大石头上的人，究竟是日本兵，还是甘当狗腿子、出卖良心的汉奸？！人们尽管无从查考，不得而知，但良知会提醒来到这里的每一个中国人，在心灵深处进行一番沉重而认真的思考：国弱民穷，必遭欺凌；心散魂垢，难逃落后。弱肉强食，落后真的是要挨打的呀！

记得一次去云南腾冲，那里曾经是中国抗日战争的一处圣地。那片已经废旧了的机场，曾经起降过美军的空中“飞虎队”，被称作生命线的中缅公路也横卧在那里。也是腾冲，听当地百姓讲，在抗日战争中还有一段难以抹去的记忆：那一年的那一天，县城里的6万多人，包括警察、官员等，竟被192名鬼子兵赶得如惊弓之鸟，四散逃奔，其中也包括时任县长在内。幸好有位“位卑未敢忘忧国”的血性志士及时站了出来，他自荐县长，立即组织民众殊死抵抗，很快就赶走了日本兵，夺回了县城。据悉，这位志士名叫张好问，此前只是个无职无位的读书人，时年他已经62岁了。

张好问，王二小，一南一北，一老一少，他们无疑都是备受敬重的志士仁人。如今，天下并不太平，域外，有如狼似虎的眼睛盯着；国内，贪婪的嘴脸也并不少见。如果有一天重遭国难，我们将何以待之？

问这里的山，山以石明志，握紧了拳头；问这里的水，水以瀑为言，趋身而赴——峭壁上，犹如悬挂起一个昭示的惊叹号，活灵活现。

小试牛刀

1. 请为下面加点的字词加上拼音。

迸发（　　　　）　　滋养（　　　　）

颤抖（　　　　）　　贪婪（　　　　）

2. “位卑未敢忘忧国”出自哪位诗人？请选出来（　　）

A.李白　　B.杜甫　　C.陆游

答案：

1. bèng　zī　chàn　tān lán

2. C

月季遍开

王子君

/ 作者简介 /

王子君

王子君，作家，作品常见于《人民日报》《中国文化报》《解放军报》等。

又是满城尽开月季花的季节了！

见到小区花园里第一树月季开花的时候，我满眼里就都是月季花了。

上班途中有一个小小的处在转角口的街边花园。春天一到，花园里一片阔大的月季花丛就成了一处诱人的风景。红的、粉红的、紫红的、玫红的；白的、乳白的、藕白的；黄的、金黄的、桔黄的、柠檬黄的；甚至黑色、黑红色，你想象中的花色几乎都能在这里分辨出来，真正是姹紫嫣红，美不胜收！这些花朵，一天一个样，一天比一天大。最大朵的花有十几层，慢慢地，花边蜷缩起来，像是天然的彩色皱褶纸，却比彩色皱褶纸要生动鲜艳，充满了生命的灵气。在绿叶的扶持下，在阳光下，繁密的、肥硕的花朵艳光照人，聚成花束状，大大方方地要献给你似的，引得所有路过的人都要驻足欣赏，流连难舍。

我在街边花园停下了脚步。果然！在这小小的花园里，月季花已热烈地绽放了！早晨的太阳正明媚媚地照耀着这片花园，娇艳的月季花映得半个天空都鲜艳明快。盛开着的花朵，红的、白的、粉的、黄的，娇艳欲滴，散发出袭人的芳香；没有盛开的，则花蕾饱满，仿佛随时都会怒放……

怀着喜悦的心情到了办公室，又看到一个摄影家发的月季花组图，月季花开得更令人惊叹。我问：这是在哪里？他答：西便门。午休时分我疾奔到西便门，寻找摄影家镜头下的月季花景。正午的阳光下，红色的、黄色的、复色的月季花轰轰烈烈地开着，像油画，像彩虹，像烈焰！比摄影更生动、更立体、更宏阔的月季花呀，愉悦了我整个身心！

北京城还有多少这么美的月季花景我没有观赏到？

月季是中国古老的花卉。18世纪，月季传入欧洲，经世界各地园艺家之手不断创新，演变成“现代月季”，品种多达上万种，成为各地广为栽培的品种。现代月季花型多样，花容秀美，色彩丰富，且多数有芳香，又四时常开，寓意希望、幸福、光荣、美艳长新，深受人们的喜爱。在北京，20世纪80年代，月季荣膺“市花”之誉。

记不清是从哪一年开始的，总之连续好几年了，每年，到月季花开得最盛的时候，我就满北京城跑，去寻开得最美的月季花风景。因为寻找，我看到了一片美过一片的月季花：

鲁谷路绿化隔离带上，树状月季正开得热烈、繁密，花色丰富极了。乍一看，树干高挑，枝叶相偎，像一群手挽手舞蹈的仙女，头戴花冠，婀娜多姿。郎家园往东，隔离带在主道与人行道之间，红色、黄色月季花色相间地开着，形成夹道风景，一直向东延伸而去。最难忘的是东二环，从左安门桥往北一直到建国门，月季树又高又大，强壮的枝条上挂满了花朵，花妍艳足。快速行驶的汽车尾气刮起的强风，吹得她们摇摇摆摆，但她们不仅没有花容失色，反而因为摇摆而生波浪般的曲线，更加妖娆夺目，蔚为壮观……

月季花无处不在，看似普通，却艳而不俗。而且，它的花期长达五六个月，秋季、冬季也有品种开花，“一枝才谢一枝妍”，使得北京的大街小巷总有月季在开花，令城市活色生香。

兴犹未尽，我特地绕三环路转了整整一圈。三环主路上，整个绿化带都开满了月季花！双井桥下，连绵数百米的隔离带上，清一色黄色的月季花在阳光下十分耀眼；马甸桥下沿线，黄色和粉色月季掩住了低矮的松柏，抢尽风头；北太平桥，月季闪着金光。而西三环紫竹桥往南三环草桥方向，能见到上千米路段“花墙”，其间间种的蔷薇或别的时令花卉，也是花朵簇生，色泽鲜艳，与月季共同构筑起非凡的景观效果。到晚上，在霓虹灯的华光中，她们宛如蒙上一层清透彩纱……整个三环路，俨然成了一条赏花大道！

我问在烈焰下修剪花草的园丁，他说每天看到这么漂亮的花，很多的烦恼就躲开了。

我问被堵在水泄不通的道路上的车主，他指着路中间的“花墙”说，堵车烦躁，好在鲜花养眼，可以想象自己是行走在花海中。

我问匆匆在月季花前自拍的年轻人，他说，忙，没时间仔细赏花，拍一张与月季花的合影做头像，看见头像，就看见月季花，心中就有诗意……

原来，他们和我一样，每到花开，眼睛里就只看见美，心里就只感受到美。因为这份美，他们在人生路上坚持着、奋斗着、包容着，始终怀抱对美好生活的向往。

今年，我不仅要去三环四环观赏月季花，我还要到更多小街小巷、到更远的五环六环去寻访月季的芳踪，看遍开的月季。我更希望月季种在人的心里，种在人心的盼望里，开得更加恣肆、奔放，开成丰盛的生命。

火 光

[俄国] 柯罗连科

/ 作者简介 /

柯罗连科 / 1853—1921

俄国现实主义作家。其作品多以下层不幸者为主人公。其代表作有《马卡尔的梦》《盲音乐家》《我的同时代人的故事》等长短篇小说。

很久以前，在一个漆黑的秋天的夜晚，我泛舟在西伯利亚一条阴森森的河上。船到一个转弯处，只见前面黑魆魆的山峰下面，一星火光蓦地一闪。

火光又明又亮，好像就在眼前……

“好啦，谢天谢地！”我高兴地说，“马上就到过夜的地方啦！”

船夫扭头朝身后的火光望了一眼，又不以为然地划起桨来。

“远着呢！”

我不相信他的话，因为火光冲破朦胧的夜色，明明在那儿闪烁。不过船夫是对的：事实上，火光的确还远着呢。

这些黑夜的火光的特点是：驱散黑暗，闪闪发亮，近在眼前，令人神往。乍一看，再划几下就到了……其实还远着呢！……

我们在漆黑如墨的河上又划了很久。一个个峡谷和悬崖，迎面驶来，又向后移去，仿佛消失在茫茫的远方，而火光却依然停在前头，闪闪发亮，令人神往——依然是这么近，又依然是那么远……

现在，无论是这条被悬崖峭壁的阴影笼罩的漆黑的河流，还是那一星明亮的火光，都经常浮现在我的脑际。在这以前和在这以后，曾有许多火光，似乎近在咫尺，不只使我一人心驰神往。可是生活之河却仍然在那阴森森的两岸之间流着，而火光也依旧非常遥远。因此，必须加劲划桨……

然而，火光啊……毕竟……毕竟就在前头……

（张铁夫　廖子高　译）

小试牛刀

1. 请为下面加点的字加上拼音。

   黑魆魆（　　）　　闪烁（　　）

   漆黑（　　）　　近在咫尺（　　）

2. 根据例子写词语。

   例：阴（森森）

   红（　　　）　　黄（　　　）

   白（　　　）　　金（　　　）

答案：

1. xū　shuò　qī　zhǐ
2. 彤彤　澄澄　花花　灿灿

电话：010-65978917

传真：010-65978926

E-mail: wenzhuxie@126.com